옷 수선 리폼
REFORM & MEND CLOTHES

김남선 지음

머리말

비싸고 품질 좋은 명품이라도 세월이 지나면 싫증이 나고, 원단은 좋은데 디자인이 마음에 들지않아 입지 않게 되는 옷들이 있다. 이렇게 유행이 지나서 버리기는 아깝고 입기가 꺼려지는 옷들을 다시 새롭게 리폼하여 개성 있는 나만의 옷으로 만들어 보자.

이 책은 옷 수선과 리폼의 간단한 본뜨기 기법과 패턴을 통하여 어른 옷을 어린이 옷으로 만들었을 뿐만 아니라 다양한 본뜨기로 쉬운 옷 수선부터 고급스런 옷 리폼까지 80여 가지의 작품을 리폼 전과 후의 모습과 자세한 실무 사진을 통하여 리폼의 제작 과정을 이해하기 쉽게 설명하였다.

특히 유행에 민감하지 않은 디자인과 기법을 사용하여 다양한 작품을 수록하여 줌으로써 장기적으로 폭넓게 활용하여 리폼의 창작 예술이 무한히 발전할 수 있는 가능성을 보여주고 있다. 빠른 인터넷으로 전세계가 같이 움직이는 시대에서 개성 넘치는 나만의 맞춤형 리폼으로 멋스러운 패션 리더가 될 수 있도록 하였다.

이 책을 통하여 질 좋은 기술로 어떻게 수선하고 리폼할 수 있는지를 아낌없이 알려 줄 수 있게 되어 참으로 기쁘다. 이 책이 옷 수선 리폼을 필요로 하는 모든 분들께 도움이 되는 지침서가 되기를 바란다.

끝으로 책이 완성될 수 있도록 도와준 양미와 원운선, 민옥인에게 감사의 말을 전하고 싶고, 좋은 책이 나올 수 있도록 애써주신 도서출판 **예신** 임직원 여러분께 감사드린다.

김남선(kik99321@hanmail.net) 씀

PART 1
수선 실무 기초 이론

재봉틀 구조 10
재봉틀 사용 요령 12
수선 도구 및 부자재 14

PART 2
리폼 관련 패턴과 기본 상식

스커트 간단하게 본뜨기 20
플레어스커트 간단한 재단법 21
간단하게 바지 본뜨기 22
티셔츠 간단하게 본뜨기 24
원피스 간단하게 본뜨기 26
민소매 팔 만들기 28
리폼할 때 원단 삽입 방법 30

PART 3
간단한 리폼 모음

목도리를 아기 원피스로 리폼 34
블라우스 앞판 디자인 리폼 35
밍크 터짐 판 갈이 36
바지 뒤판 밑위길이 올리기 37
블라우스 허리 고무줄 넣기 38
오리털 점퍼 허리 라인 넣기 39
재킷 앞판 디자인 리폼 40
청바지 주머니로 어린이 옆가방 만들기 ... 42
티셔츠 2장으로 원피스 만들기 43
통 넓은 남방 허리 라인 넣기 44
라운드 티셔츠 앞주름 넣기 46
통 넓은 티셔츠 허리 라인 넣기 47
칼라 티셔츠를 라운드 티셔츠로 리폼 ... 48
일반 조끼를 트임 조끼로 리폼 50
라운드 티를 브이넥 티로 리폼 52

PART 4
아동복 리폼

멜방바지를 치마로 리폼 ········· 56
민소매 티를 어린이 바지로 리폼 ········· 57
어린이 재킷을 티셔츠와 접목 ········· 58
티셔츠를 어린이 바지로 리폼 ········· 61
티셔츠를 민소매 티로 리폼 ········· 62
아빠 티셔츠를 아이 치마로 리폼 ········· 64
아빠 티셔츠를 아이 카디건으로 리폼 ········· 66
아빠 티셔츠를 아이 민소매 원피스로 리폼 ········· 68
아빠 티셔츠를 아이 조끼로 리폼 ········· 70
엄마 블라우스를 아이 치마와 민소매로 리폼 ········· 72
아빠 티셔츠를 아이 옷 한 벌로 리폼 ········· 75
신사 바지를 아이 반바지로 리폼 ········· 78
신사 바지를 아이 치마로 리폼 ········· 80

PART 5
바지 리폼

밑위길이가 짧은 청바지를 허리에서 늘리기 ········· 84
바지 허리 뒤에 고무줄 넣기 ········· 86
청바지를 조끼형 원피스로 리폼 ········· 88
청바지를 치마로 리폼 ········· 92
힙합 청반바지를 청치마로 리폼 ········· 94
청바지를 청치마로 리폼 ········· 96
청바지를 주름치마로 리폼 ········· 98
청바지 허리 품 늘리기 ········· 100
청바지 허리 한 단 높이기 ········· 101

PART 6
티셔츠 리폼

라운드 티를 터들 티로 리폼 ········· 104
목 폴라티 집업 만들기 ········· 106
목 폴라티 지퍼달기 ········· 109
목 폴라티를 칼라 티로 리폼 ········· 110
목 폴라티를 라운드 티로 리폼 ········· 114
품이 적은 티셔츠를 허리 라인이 크게 리폼 ········· 116
티셔츠를 어린이 레깅스로 리폼 ········· 118
티셔츠를 원피스로 리폼 ········· 120
티셔츠에 조르개 넣기 ········· 122
남자 티셔츠를 여자 티셔츠로 리폼 ········· 124
남자 티셔츠를 여자 캡소매로 리폼 ········· 126

PART 7
카디건 점퍼 남방 리폼

- 카디건에 칼라 만들어 넣기 ········· 130
- 남방을 스커트로 리폼 ········· 132
- 니트 카디건을 깔끔하게 리폼 ········· 134
- 니트 모자 카디건을 칼라 카디건으로 리폼 ········· 136
- 바람막이 브이넥 점퍼를 지퍼용 점퍼로 리폼 ········· 139
- 목 폴라티를 카디건으로 리폼 ········· 142
- 오리털 파카를 조끼로 리폼 ········· 146
- 후드 티셔츠를 후드 집업으로 리폼 ········· 148
- 남방을 민소매 셔츠로 리폼 ········· 150
- 남자 남방을 여자 봄 점퍼로 리폼 ········· 152

PART 8
원피스 치마 리폼

- 머플러를 치마로 리폼 ········· 156
- 블라우스를 원피스로 리폼 ········· 158
- 원피스 앞판 판 갈이 ········· 160
- 원피스 캡소매를 일반 소매로 리폼 ········· 162
- 원피스를 오픈형 바바리로 리폼 ········· 164
- 원피스 치마를 민소매 블라우스로 리폼 ········· 165
- 일반 원피스를 고무줄 원피스로 리폼 ········· 168
- 주름 원피스를 타이트 원피스로 리폼 ········· 170

PART 9
재킷 리폼

- 남성복 허리 라인 넣기와 몸판 축소 ········· 174
- 양복 소매길이 리폼 ········· 178
- 양복 소매 디자인 리폼 ········· 180
- 양복 앞판 디자인 리폼 ········· 182
- 테일러 재킷 칼라 수선 ········· 186
- 핸드메이드 코트 칼라 리폼 ········· 188
- 더블 재킷을 점퍼로 리폼 ········· 190
- 양복 어깨산 디자인 리폼 ········· 192
- 더블 재킷 양복을 싱글 재킷 양복으로 리폼 ········· 195
- 일자 재킷에 허리 라인 넣기 ········· 198
- 재킷 뽕소매, 일반 소매 만들기 ········· 200

PART 10
가죽 밍크 코트 리폼

가죽 재킷 품 늘리기	204
가죽 재킷으로 가방 만들기	206
가죽 재킷의 칼라와 소매 리폼	210
모자 코트를 칼라 코트로 리폼	212
뜯어진 밍크 수선	213
밍크코트를 모자 조끼로 리폼	214
반소매 원피스를 코트로 리폼	217
유행 지난 니트 코트 리폼	220
테일러 칼라를 차이나 칼라로 리폼	224

PART 1

수선 실무 기초 이론

재봉틀 구조

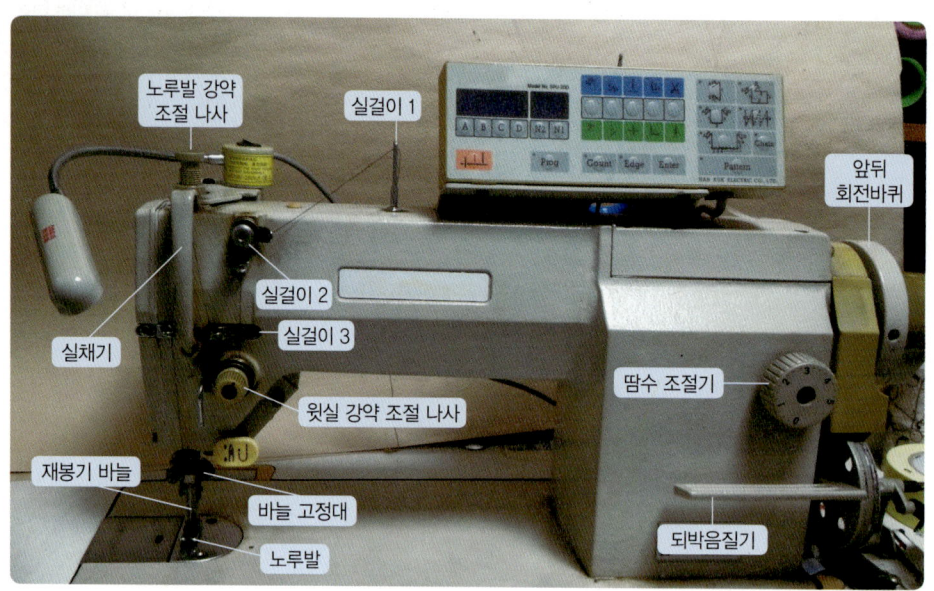

- **실걸이 1, 2, 3**

  실이 엉키거나 움직이는 것을 막고 자연스러운 길을 안내한다. 실을 걸 때는 물이 흐르듯 자연스럽게 실이 흐르도록 해야 한다.

- **노루발 강약 조절 나사**

  박음질할 때 원단이 흔들리지 않도록 눌러 주는 역할을 한다.

- **실채기**

  한 땀 분량만큼 윗실을 당겨 주는 역할을 한다.

- **윗실 강약 조절 나사**

  윗실과 밑실을 조정하여 바늘땀이 바르게 나오도록 한다. 오른쪽으로 돌리면 실의 장력이 강해지고 왼쪽으로 돌리면 약해진다.

- **바늘 고정대**

  바늘이 바르게 꽂힐 수 있도록 돕는다.

- **재봉기 바늘**

  호수가 높을수록 바늘의 굵기가 두껍다. 14호가 기본이며 얇은 원단은 11호, 실크 종류는 9호, 청바지 종류는 16호를 사용한다. 바늘 고정대에 바늘을 꽂을 때 바늘에 홈이 길게 파인 곳이 왼쪽으로 향하게 하고 정면에서 볼 때 바늘구멍이 보이지 않아야 한다.

- **노루발**

옷감을 눌러 고정해 주는 역할을 하며, 노루발 아래 있는 톱니바퀴가 돌아 가며 원단을 밀어낸다. 봉제하는 방법에 따라 다양한 종류의 노루발을 사용한다.

노루발 종류

① 외발(파이핑) 노루발 : 한쪽 발이 없는 노루발로 끝부분 바느질을 할 때 사용하다.
② 콘솔 지퍼 노루발 : 원피스나 치마에 콘솔 지퍼를 부착할 때 사용한다.
③ 스티치 노루발 : 사이즈별로 다양하다. 겉에서 스티치 모양을 박음질할 때 사용한다.
④ 셔링 노루발 : 주름 노루발이라고도 한다. 노루발을 교체하면 스스로 주름을 잡아 준다.
⑤ 말아박기(미쓰마키) 노루발 : 얇은 원단의 끝단을 깔끔하게 말아서 처리해 준다.
⑥ 테플론(가죽) 노루발 : 노루발 바닥이 플라스틱으로 되어 있어 잘 미끄러지도록 처리된 것과 롤러 노루발이라고 해서 플라스틱판에 둥글게 돌아가는 바퀴가 달린 것도 있다. *뿔 노루발이라고도 한다.
⑦ 1/2(좁은 지퍼) 노루발 : 점퍼 지퍼를 박음질할 때 많이 사용한다.

- **땀수 조절기**

바늘땀의 넓이를 조절해 주며, 숫자가 클수록 바늘땀이 크다.

- **되박음질기**

봉제 시작과 끝에서 실이 풀리지 않도록 튼튼하게 되박음질하는 기능을 한다.

- **앞뒤 회전바퀴**

모터와 연결되는 벨트가 걸리는 부분으로 모터의 동력이 전달되어 벨트가 돌아간다. 때로 이곳에 실이 감겨 회전이 되지 않을 때도 있으므로 주의한다.

특수 재봉틀

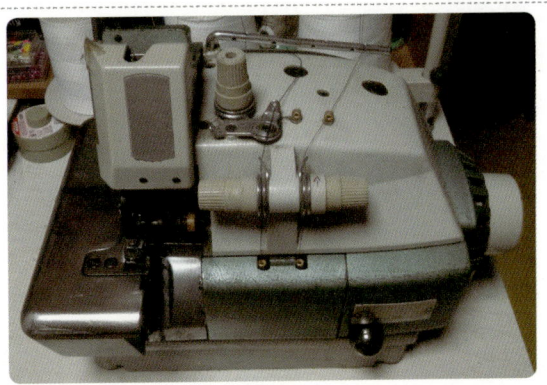

오버로크기

봉조기(밍크 전용)

재봉틀 사용 요령

1. 실이 자주 끊어지는 원인
① 바늘이 끝까지 올라가 꽂혀 있지 않으면 끊어진다.
② 바늘 좌우가 바뀌면 끊어진다.
③ 바늘 끝이 손상되었을 때 끊어진다.
④ 북집이나 북알에 실이 끼여 있을 때 끊어진다.
⑤ 아래쪽에 있는 가마 안에 실이 끼여 있을 때 끊어진다.

2. 노루발 높이 조절 요령
두꺼운 옷을 수선할 때는 노루발과 톱니바퀴의 높이가 높을수록 좋다. 재봉틀 왼쪽 측면에 있는 검은색 고무 패킹(packing)을 떼어 내면 나사못이 있는데 이것을 조금 풀고 내려 주면 노루발이 올라간다. 작업을 하는 동안 노루발은 항상 톱니바퀴 위에 내려놓고 해야 한다.

3. 톱니바퀴 높이 조절 요령
원단이 두껍거나 거칠 때는 톱니바퀴를 높여서 원단을 힘 있게 밀어내도록 해야 하며, 원단이 얇을 때는 톱니바퀴가 가늘고 낮은 것을 사용해야 한다. 톱니바퀴의 높낮이 조절은 재봉틀 몸체를 뒤로 넘기고 한다. 먼저 톱니바퀴와 연결된 나사를 푼 후에 아래쪽에서 살살 두드려 위로 올려 주고, 다시 내려야 할 경우는 위에서 살살 두드려 내려 주면 된다.

4. 퍼커링(puckering : 잔주름 잡힘) 해결 방법
① 원단이 얇을 경우 : 실의 장력(조시)을 풀어 주고 뒤에서 잡아당기며 박음질한다. 바늘과 톱니바퀴도 가늘고 얇은 것으로 교체해서 사용한다.
② 원단이 두꺼울 경우 : 바늘과 톱니바퀴를 모두 두꺼운 것으로 교체해서 사용한다.
③ 원단에 스판덱스가 함유된 경우 : 스판덱스는 늘어나는 성질이 있으므로 종이를 깔거나 쪽가위 또는 송곳을 사용하여 늘어나지 않도록 밀면서 박음질한다.
④ 실의 장력(조시)이 불량할 경우 : 실을 위아래로 조절하여 풀어 준다.
⑤ 톱니바퀴가 너무 올라가 있을 경우 : 높낮이를 조정해 준다.

5. 박음질된 앞뒤 실의 장력 상태(조시) 불량 원인과 해결 방법

① 앞실은 상태가 양호하나 뒷실이 느슨할 경우

　㉠ 윗실 조절 나사를 오른쪽으로 돌려 준다.

　㉡ 북집과 북알의 실 상태가 양호한지 확인하고 느슨하거나 꼬여 있으면 조이거나 풀어 준다.

② 윗실 조절 나사 옆에 있는 철사에 실이 걸려 있지 않을 경우 : 실을 바르게 걸어 준다.

③ 윗실과 밑실의 염색 차이로 흐름이 바르지 않을 경우 : 실을 바꿔 준다.

④ 위아래 실의 두께에 차이가 있을 경우 : 실을 바꿔 준다.

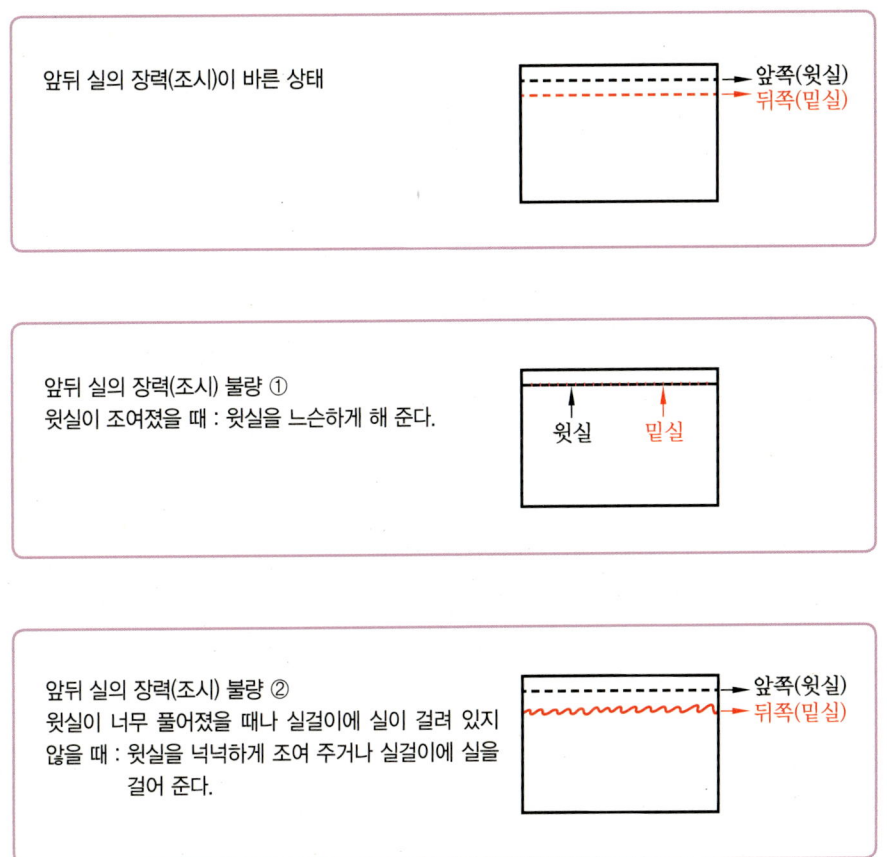

수선 실무 기초 이론

수선 도구 및 부자재

직선(평발) 노루발
가장 기본이 되는 노루발로 직선박기를 할 때 사용한다.

1/2(좁은 지퍼) 노루발
지퍼와의 간격이 좁은 곳이나 시접 폭을 좁게 할 때 사용한다.

테플론(가죽) 노루발
니트, 가죽 원단 등에 사용하며, 바닥 부분이 플라스틱으로 되어 있어 원단이 밀리는 것을 막아 준다.

콘솔 지퍼 노루발
원피스 등 옷의 보이지 않는 곳에 콘솔 지퍼를 달 때 사용한다.

외발(파이핑) 노루발
한쪽 발만 있으며, 지퍼나 파이핑 등의 끝부분을 박을 때 사용한다.

재봉기 바늘
굵기에 따라 다양한 종류가 있으며, 호수가 클수록 바늘이 두껍다. 14호를 많이 사용한다.

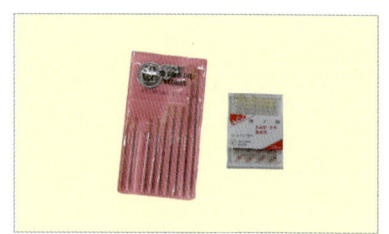
손바늘
시침질 등 손바느질을 할 때 사용한다.

시침핀
옷감을 서로 고정하거나 옷감에 패턴을 고정할 때 사용하며, 실크핀을 상용한다.

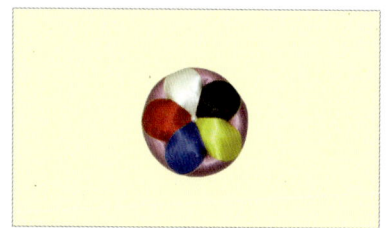
시침핀꽂이
시침핀을 꽂아 사용한다.

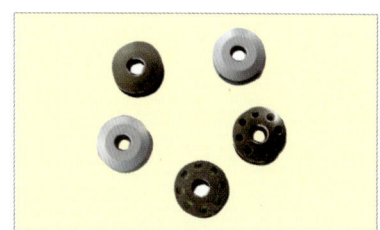
북알
실을 감아 북집에 넣어 사용한다.

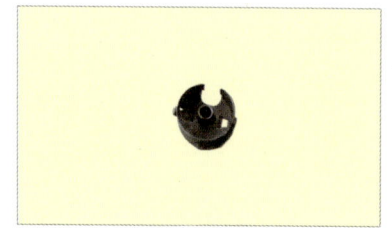
북집
실을 감은 북알을 넣어 사용한다.

북알 보관함
북알에 먼지가 들어가지 않도록 보관할 때 사용한다.

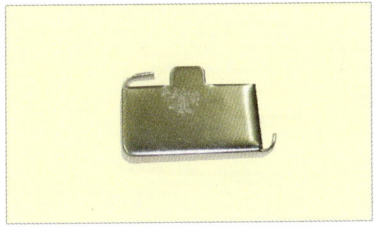

자석 받침(자석 조기)
박음질 넓이 등 시접 폭을 조정할 때 노루발 옆에 대고 사용한다.

여러 가지 재봉실(재봉사)
다양한 종류의 실이 있으며, 원단 특징에 맞게 사용한다.

고무줄실(실고무)
옷에 셔링 등 주름을 잡을 때 북알에 감아서 사용한다.

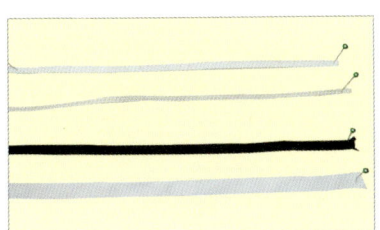

고무줄
다양한 사이즈가 있으며, 소매 입구나 허리 등 늘어나는 부분에 사용한다.

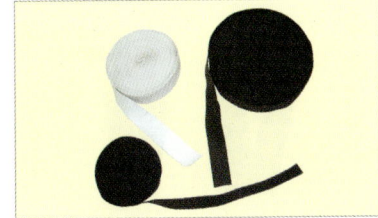

허리 고무줄
다양한 사이즈가 있으며, 치마나 바지의 허리 등 늘어나는 부분에 사용한다.

바이어스테이프
옷단이나 소매 끝 등의 단 처리나 파이핑을 만들 때 사용한다.

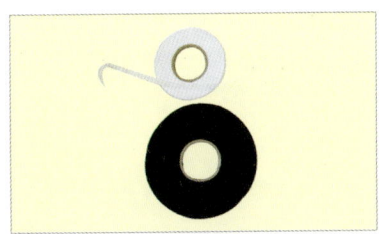

직선 및 사선 접착테이프 심지
다리미로 스팀을 주어 원단에 붙여 늘어나지 않게 하는 데 사용한다.

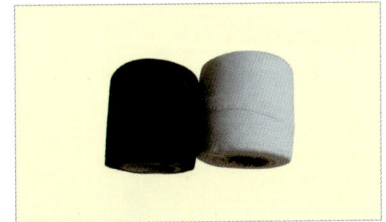

진동둘레(암홀)테이프
진동둘레(암홀)가 늘어나는 것을 방지하는 데 사용한다.

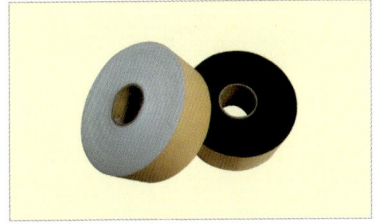

5cm 접착테이프 심지
밑단에 붙여 힘과 각을 줄 때 사용한다.

방수테이프
등산복 안쪽 봉제선에 붙여 사용한다.

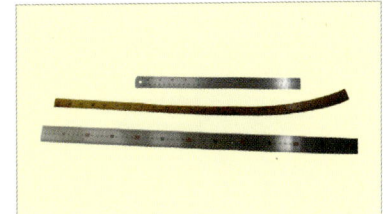

곡선자, 직선자, 30cm자
곡선, 직선 등 다양한 선을 제도할 때 사용한다.

진동둘레(암홀)자
목둘레나 진동둘레(암홀) 등 곡선을 제도할 때 사용한다.

줄자
인체를 계측할 때나 옷의 치수를 잴 때 등 다양하게 사용한다.

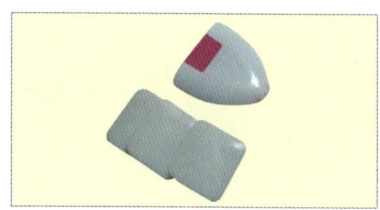

자고(초크)
원단에 선 등을 표시할 때 사용한다. 분자고는 손으로 털면 지워지고, 초자고는 열로 지워진다.

수성펜초크와 아이펜슬
수성펜초크는 물을 뿌리면 지워지고, 아이펜슬은 벗겨진 가죽에 칠하고 올리브유를 바르면 좋다.

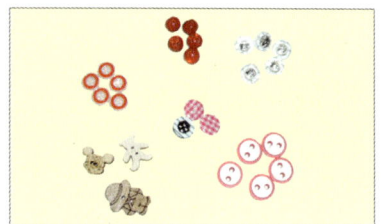

각종 단추
옷에 따라 다양하게 사용한다.

지퍼
다양한 종류가 있으며, 옷의 특성에 맞게 사용한다.

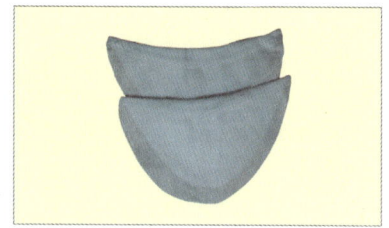

어깨 패드
어깨에 붙여 각을 잡아 줄 때 사용한다.

지퍼 고리(슬라이더)
지퍼 고리가 고장 났을 때 교체하여 사용한다.

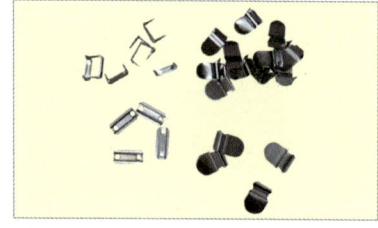

남자 바지 걸고리(호크)
옷에 따라 다양하게 사용한다.

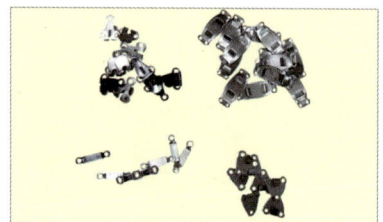

여자 바지 걸고리(호크)
옷에 따라 다양하게 사용한다.

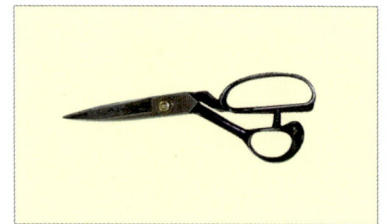

재단 가위
원단을 재단할 때 사용한다.

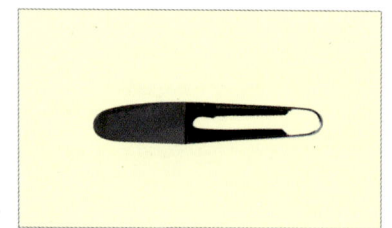

쪽가위
실을 자르거나 실밥을 제거할 때 사용한다.

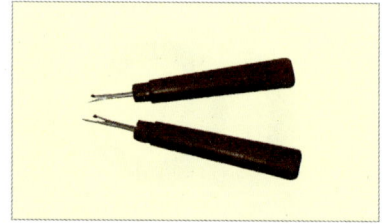

실뜯개(리퍼)
재봉한 실을 뜯을 때 사용한다.

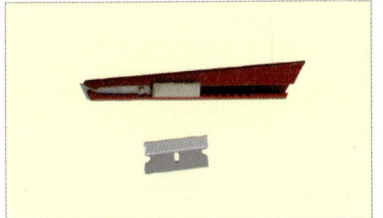
커터칼, 면도칼(단면도)
실뜯개와 같은 용도로 사용한다.

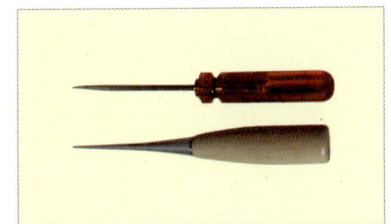
송곳
구멍을 내거나 원단을 밀어넣을 때 사용한다.

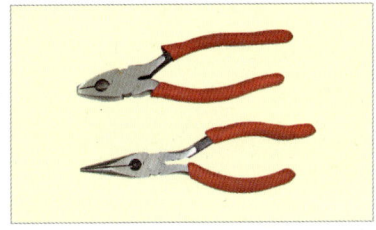
펜치
지퍼를 교체할 때나 허리 단추(링도트 등) 부분을 수선할 때 사용한다.

단추 기구
가시도트, 링도트, 아일렛, 징 등을 달 때 사용한다.

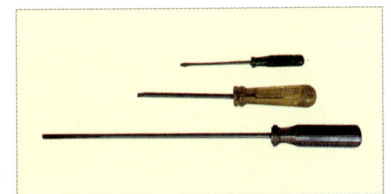
드라이버
재봉틀의 바늘, 노루발을 교체할 때나 재봉틀을 수리할 때 사용한다.

망치
청바지에 단추(링도트 등)를 달 때 또는 가죽 제품을 수선할 때 자리잡음용으로 사용한다.

다리미
옷감을 다릴 때 사용한다.

분무기
원단을 손질할 때나 다림질을 할 때 사용한다.

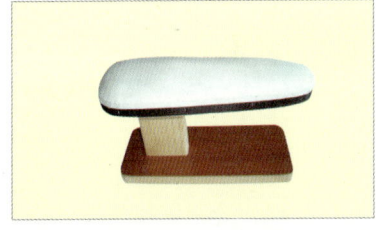
우마
보조 다리미판의 하나로 소매통, 바지통 등 둥근 부분을 다림질할 때 사용한다.

데스망
보조 다리미판의 하나로 소매산 등 어깨 부위의 모양을 잡을 때 사용한다.

먼지떨이(옷솔)
먼지를 떠는 데 사용한다.

부자재 정리함
단추, 지퍼 고리 등 분실하기 쉬운 부자재들을 넣어 사용한다.

PART 2

리폼 관련 패턴과 기본 상식

스커트 간단하게 본뜨기

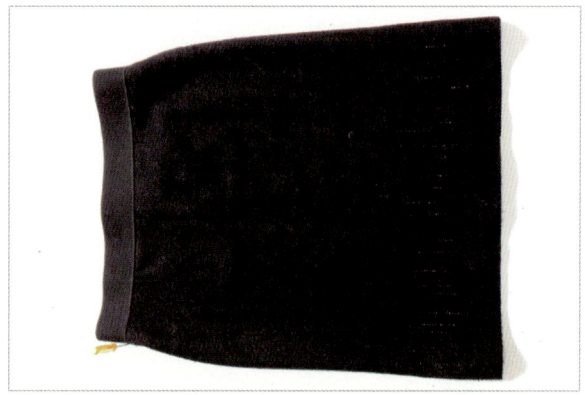

1 스커트를 흰색 종이 위에 올려놓고 송곳으로 꾹꾹 눌러 종이에 자국을 남긴다.

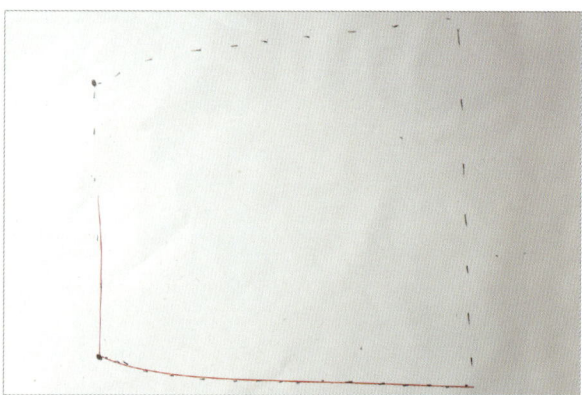

2 자국이 남은 자리에 점을 찍고 곡선자를 이용하여 그림을 그리고, 허리 부분에 굵은점을 만든다.

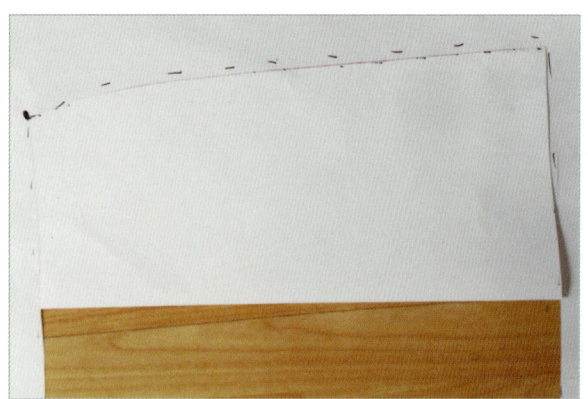

3 절반을 잘라서 허리 부분의 굵은 부분에 맞추어 접는다.

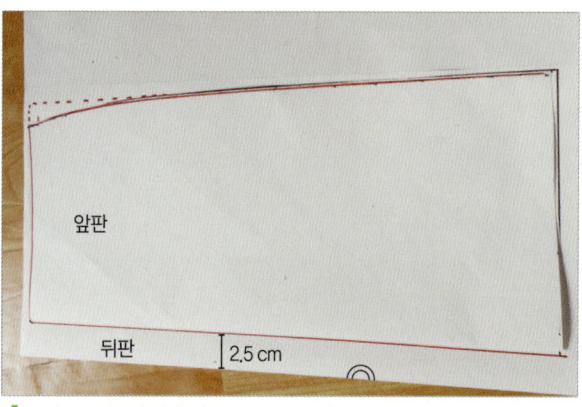

4 잘라 낸 앞판을 골선으로 접은 종이 위에 2.5 cm 여유를 주고 그린다. 허리 옆 점선은 뒤판 다트 분량 1 cm이며 앞판은 다트가 없다.

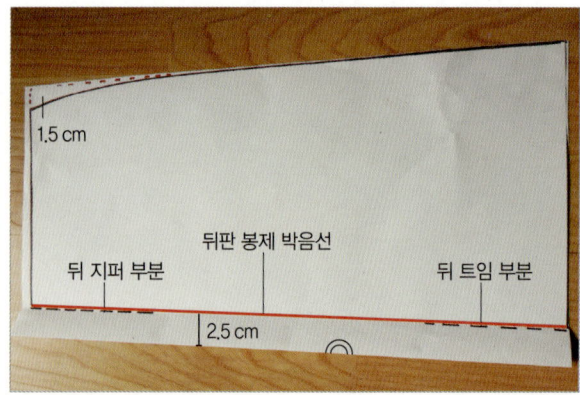

5 뒤판 2.5 cm 여유분은 그림과 같이 사용되며, 여유분은 잘라서 가름솔 처리한다.

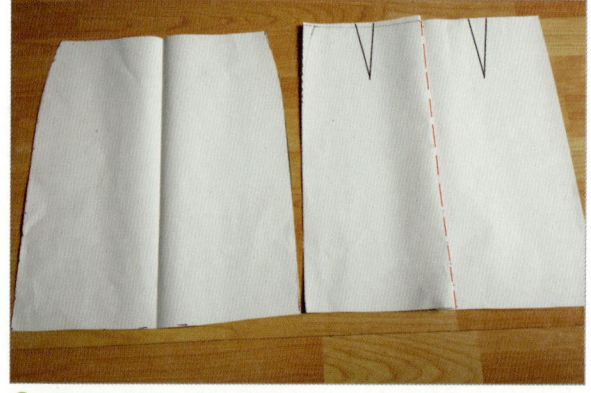

6 빨간색 점선 뒤로 여유분 2.5 cm가 있으며, 다트 분량 표시를 하면 뒤판 완성이다.

플레어스커트 간단한 재단법

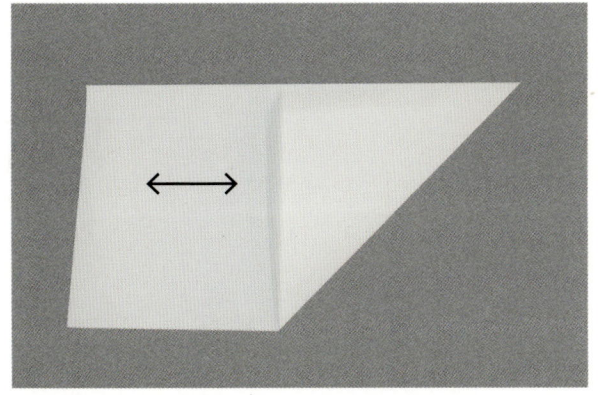

1 원단을 식서 방향으로 그림과 같이 접는다.

2 같은 방향으로 이와 같이 접어 둔다. 많이 접을수록 허리 곡선의 흐름이 좋다.

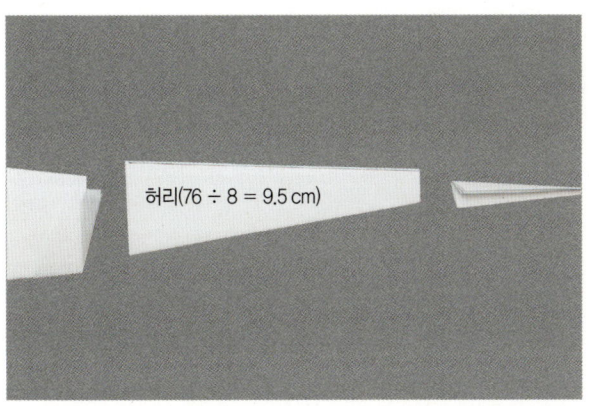

3 2를 펴 보면 접혀진 부분이 8조각이므로 원하는 허리 (76)를 8로 나누어 9.5되는 기점을 자르면 허리 사이즈가 나온다.

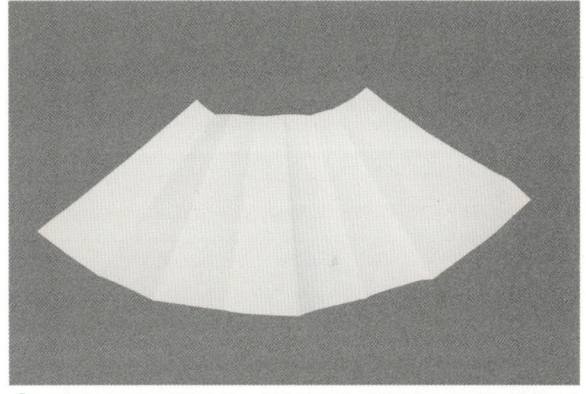

4 잘라서 편 모양이다. 이것을 2장 재단하여 둘을 합쳐 박음질하면 된다. 자를 때는 계산된 허리보다 조금 적게 잘라 내야 허리 늘어짐을 방지할 수 있다.

5 그림과 같이 2장을 합쳐 **1**, **2**와 같은 방법으로 접는다.

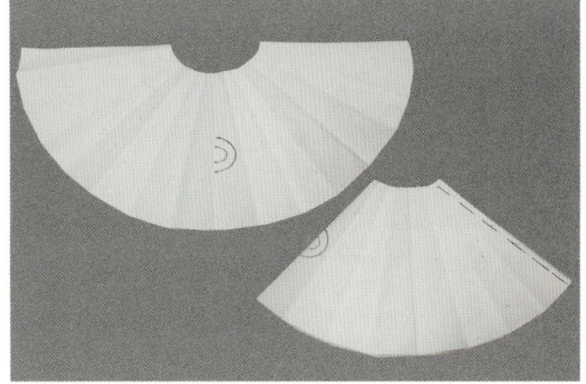

6 **3**과 같은 방법으로 잘라 내면 **4**의 2배가 된다. 이것은 한쪽만 박음질해도 되며 이곳에 지퍼를 부착한다.

간단하게 바지 본뜨기

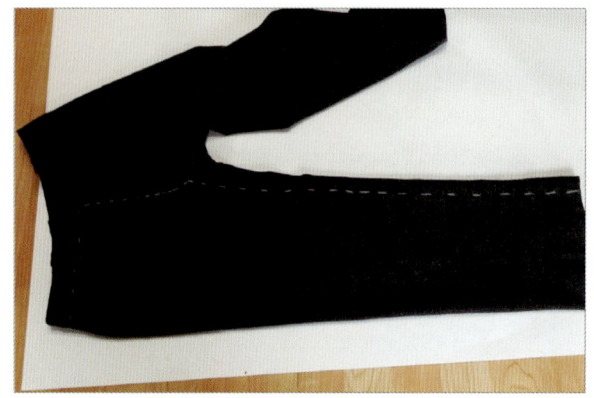

1 종이 위에 앞판을 펴놓고 흰색의 봉제선을 따라 송곳으로 꾹꾹 눌러 흔적을 남긴다.

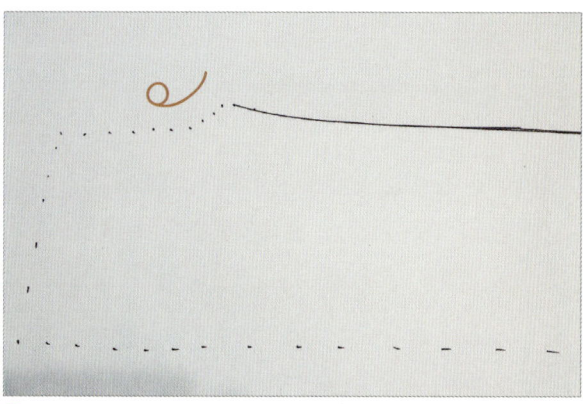

2 남겨진 흔적에 점을 찍고 암홀자와 곡선자를 이용하여 선을 긋는다.

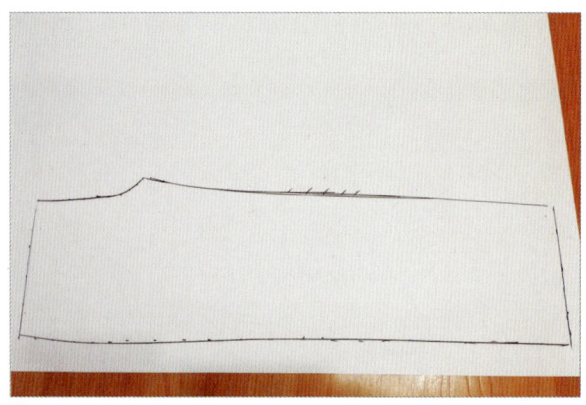

3 앞판이 완성된 모습이다.

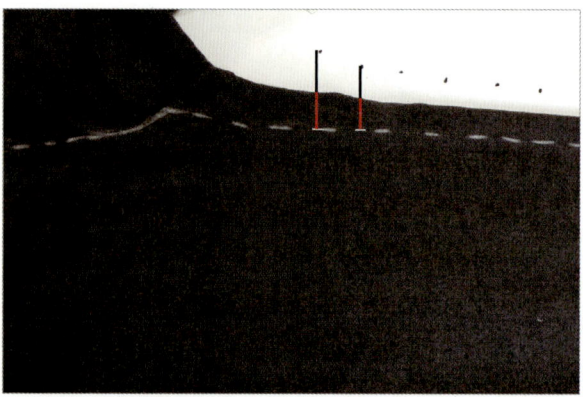

4 뒤판의 재단은 빨간색과 검은색의 길이가 각각 같게 모든 바지통의 점을 찍는다.

5 빨간색 지점을 꾹 누르고 화살표 방향으로 옷을 당겨 점을 찍어야 한다.

6 지퍼를 열고 봉제선을 따라서(겉감) 빨간색 선 주위까지 종이에 흔적을 남긴다.

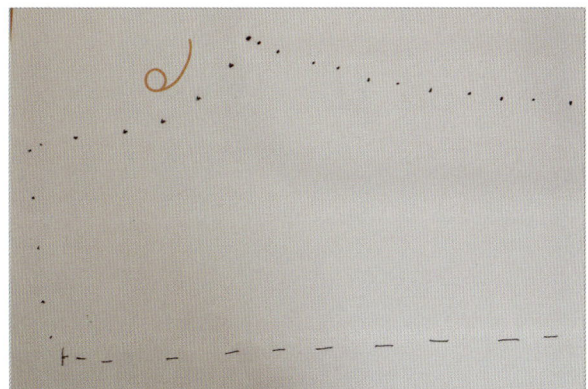

7 뒤판의 나머지 부분은 암홀자를 이용하여 선을 긋는다.

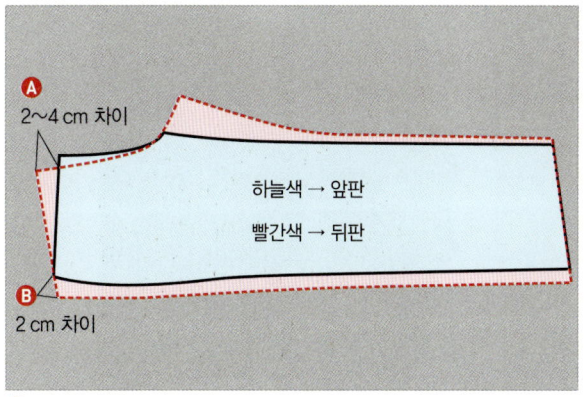

8 뒤 Ⓐ부분은 허리바지나 골반바지에 따라서 높이가 다르다. 옆 Ⓑ부분은 2 cm 크게 한다.

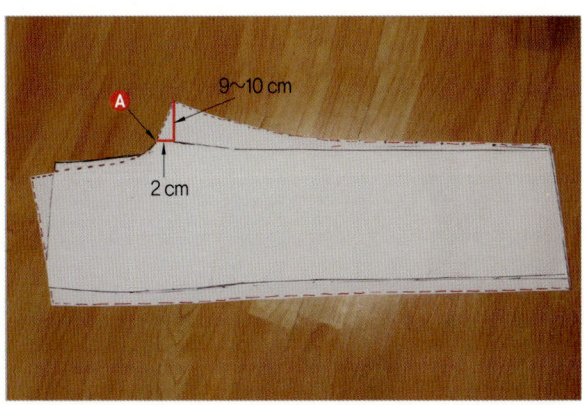

9 Ⓐ기점에서 2 cm 내려 뒤판 끝 길이를 9~10 cm의 여유를 주면 좋다.

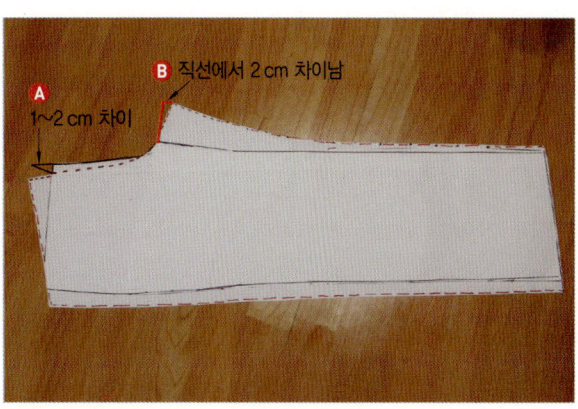

10 Ⓐ부분은 1~2 cm 차이나게 하며, Ⓑ부분은 직선에서 2 cm 차이나게 하면 좋다.

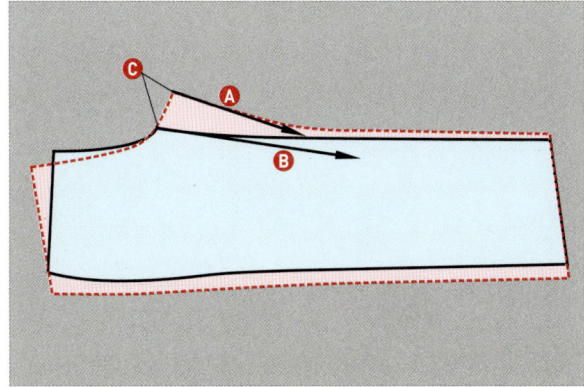

11 앞판과 뒤판의 Ⓐ선과 Ⓑ선의 총길이는 반드시 같아야 한다. 맞지 않을 때는 뒤판의 Ⓒ부분을 위아래로 조절하여 맞춘다.

본을 떠 앞판 뒤판을 맞추어 보는 방법이며, 이것은 정식 패턴이 아니라 리폼이나 수선을 할 때 복사용으로 사용한다. 신축성이 좋은 원단을 사용할 땐 입기 좋은 아주 편한 옷이 된다. 원단의 두께에 따라 송곳, 바늘, 핀, 침을 사용한다.

티셔츠 간단하게 본뜨기

1 송곳을 이용하여 몸판을 꾹꾹 눌러 종이에 흔적을 남긴다.

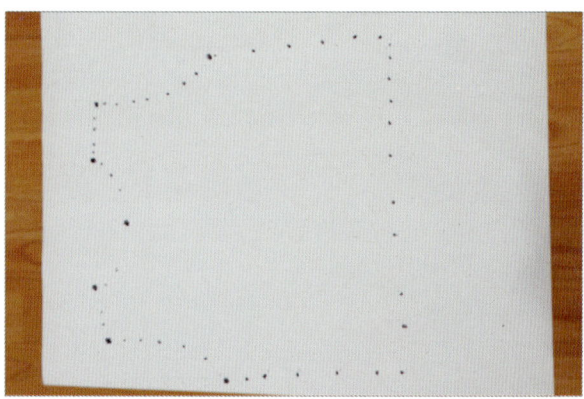

2 흔적 남긴 부분을 점으로 표시하며 이어가되, 겨드랑이와 어깨 부분에 굵은점을 따로 표시해야 한다.

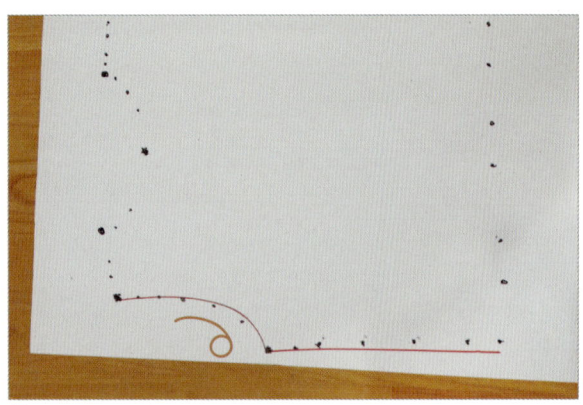

3 점선을 곡선자 또는 암홀자로 연결하여 준다.

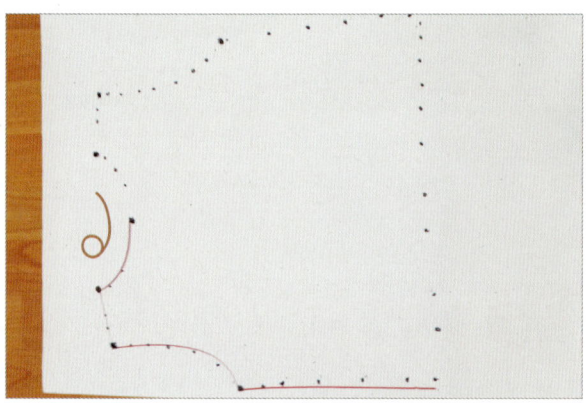

4 목 부분에 암홀자를 이용하는 방식이다.

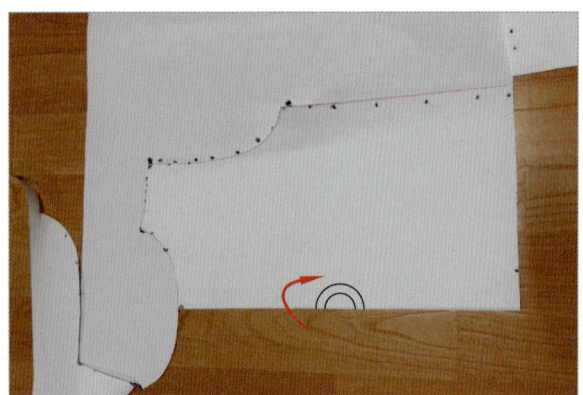

5 목 부분의 절반 기점을 잘라 준 후 접어서 어깨와 겨드랑이의 굵게 표시했던 부분에 서로 맞추어 주되 맞지 않을 경우 목 중심에서 직선을 유지한다.

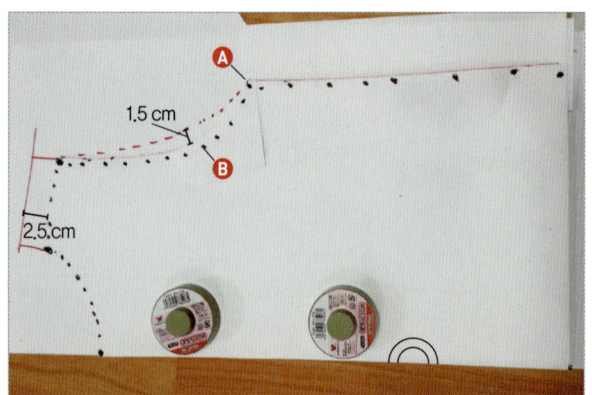

6 앞판으로 뒤판을 만드는 작업이다. Ⓐ와 Ⓑ의 간격을 약 7.5 cm로 하고 1.5 cm를 키워 준다. 어깨 부위는 암홀자를 이용하여 2~2.5 cm 키워 준다.

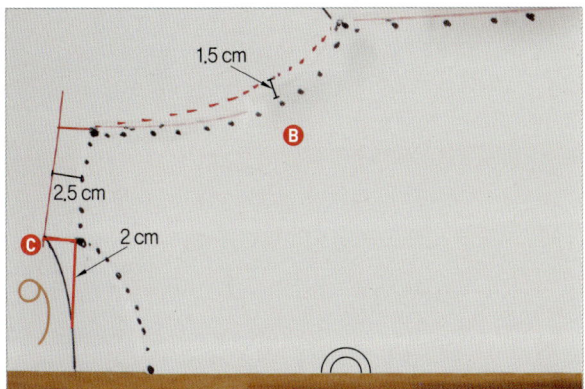

7 뒷목은 ⓒ점에서 2 cm를 내리고 직선을 그어 암홀자를 이용하여 사진과 같이 그려 주면 된다.

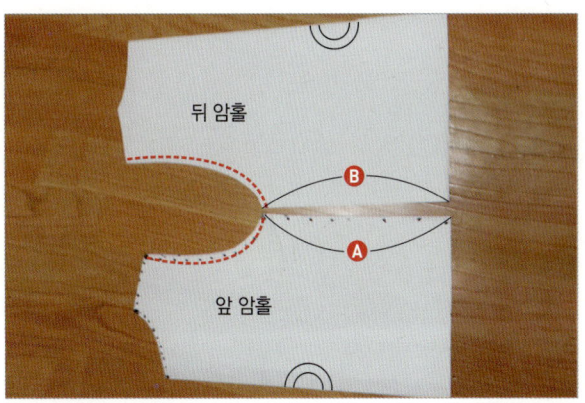

8 골선으로 재단된 앞뒤판이다. 이때 Ⓐ와 Ⓑ의 길이가 같아야 하고, 암홀 길이가 뒤판이 2 cm 정도 길어야 옷의 착용이 편하다.

9 종이를 2겹으로 접어 골선이 송곳 쪽을 향하게 하고 팔을 따라 같은 방법으로 눌러 흔적을 낸다.

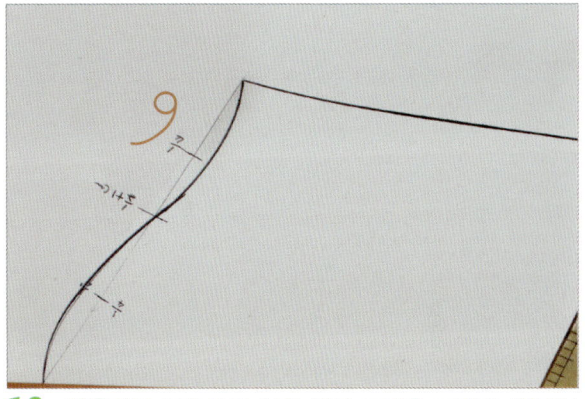

10 암홀자를 이용하여 선을 따라 그림을 그린다. 윗부분은 암홀자의 방향을 아래의 반대로 향하게 하는 것이 좋다.

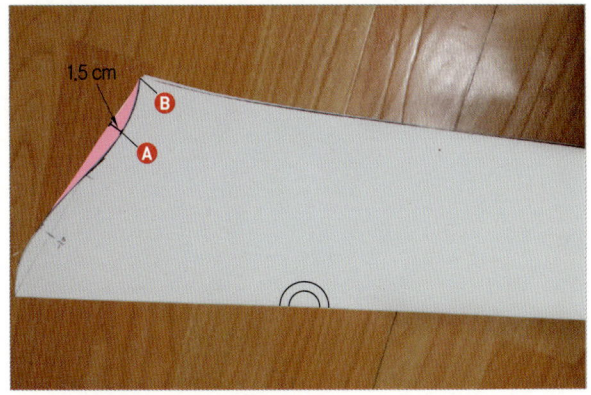

11 빨간색 부분은 뒤판이다. Ⓐ에서 Ⓑ 간격은 7.5 cm 정도이며, Ⓐ와 뒤판의 차이는 1.5 cm이며 앞판을 본떠서 뒤판을 만든다.

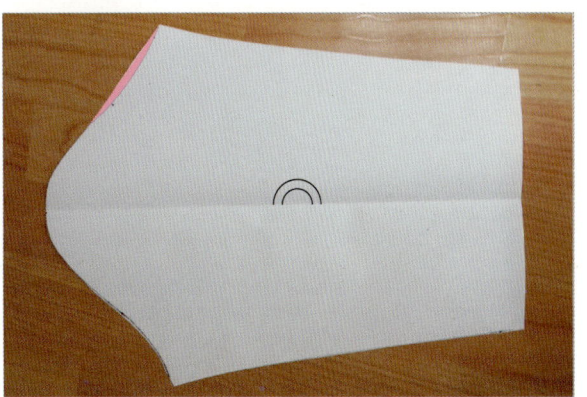

12 골선 재단의 팔을 편 모습이다. 티셔츠는 신축성이 좋아 재단의 작은 차이는 착용감에 불편하지 않다.

골선 : 펴서 볼 때 갈라지지 않고 연결된 선

원피스 간단하게 본뜨기

1 흰 종이 위에 원피스를 잘 펴고 앞판의 봉제선 부위를 송곳으로 꾹꾹 눌러 종이에 흔적을 남긴다.

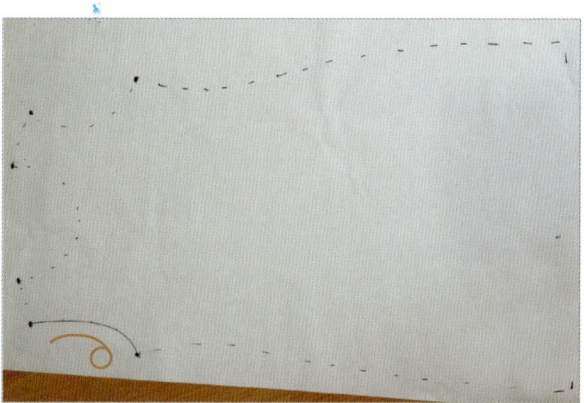

2 흔적 남긴 곳에 점을 찍고 암홀자와 곡선자를 이용하여 선을 그린다.

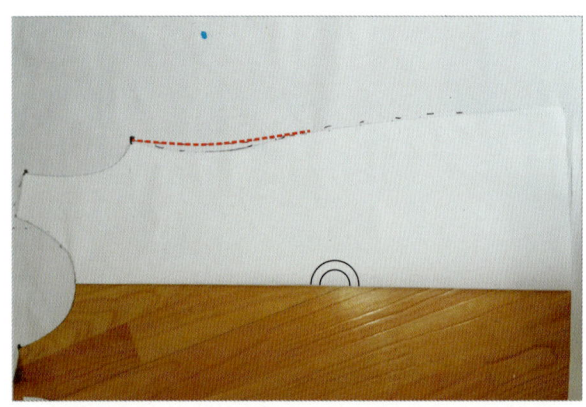

3 절반을 잘라 접어 굵은선에 맞춘다. 때로는 선이 맞지 않을 때도 있다. 그때는 접는 선이 직선이 되는 선을 찾아서 선을 맞춰 주면 앞판 완성이다.

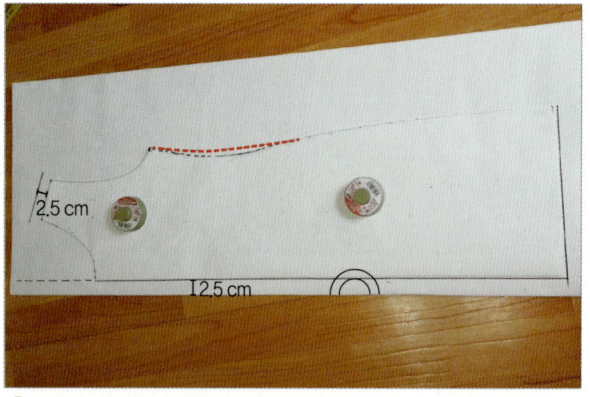

4 뒤판 재단은 앞판 자른 것을 접은 종이 위에 그림과 같이 올려 놓는다. 허리 옆 빨간색은 뒤판 다트량이며, 앞판도 다트를 넣으려면 그만큼 키워 주면 된다.

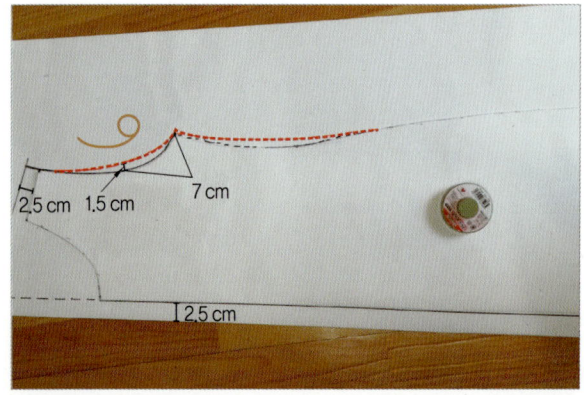

5 뒤판 겨드랑이 선도 사진과 같이 여유를 주고 곡선자를 이용하여 그려 준다.

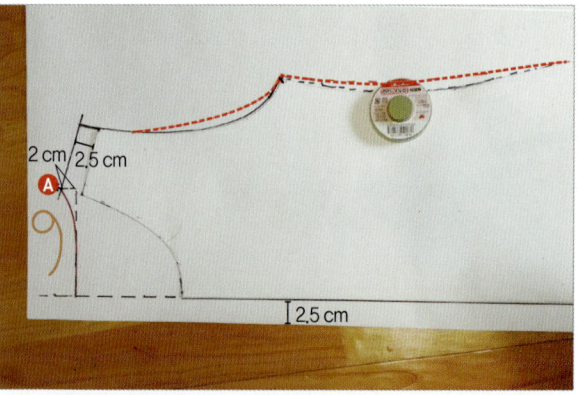

6 어깨를 앞판보다 2.5 cm 올리고 ⓐ에서 2 cm 내려와 직선을 긋고 암홀자를 이용하여 뒤 목선을 그린다.

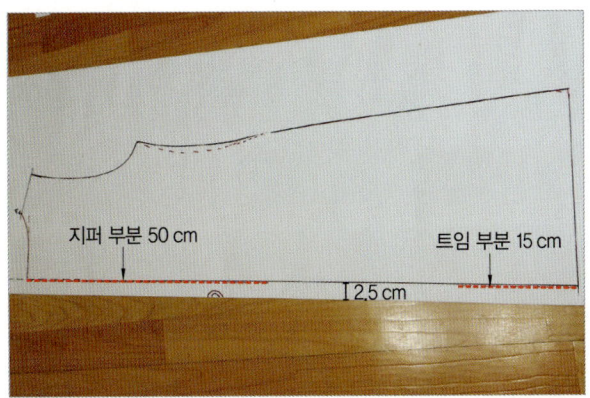

7 뒤판의 2.5 cm 여유분은 지퍼와 트임 부분으로 사용된다.

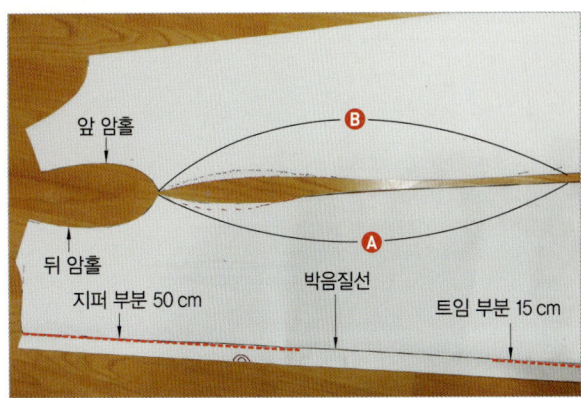

8 Ⓐ와 Ⓑ의 길이는 같아야 하며, 뒤판 암홀이 앞판 암홀보다 2 cm 정도가 커야 옷이 편하다.

9 팔도 같은 방법으로 봉제선을 따라 송곳으로 종이에 흔적을 남긴다.

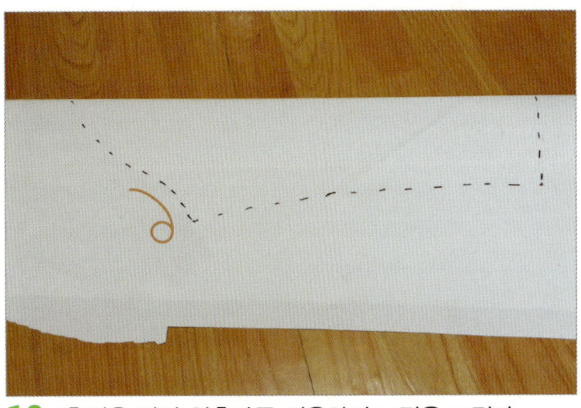

10 흔적을 따라 암홀자를 이용하여 그림을 그린다.

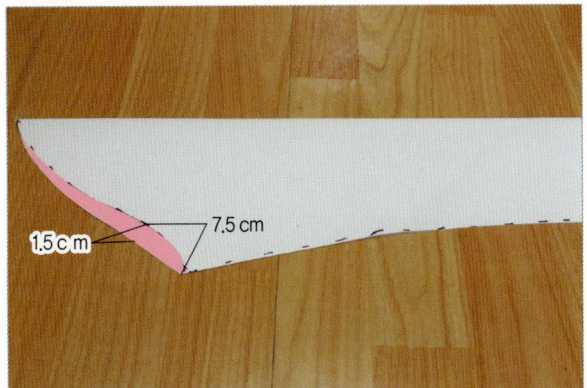

11 흔적을 낼 때는 앞판을 이용하며, 7.5 cm 올라간 선에서 뒤판에 1.5 cm 정도의 빨간색 모양을 만들어 키워 주면 된다.

tip 본뜨기는 근사치로 탄력성이 있는 옷을 만들 때와 리폼할 때 주로 사용하지만, 실생활 옷에 실생활 패턴으로 사용해도 좋은 효과를 얻을 수 있다.

민소매 팔 만들기

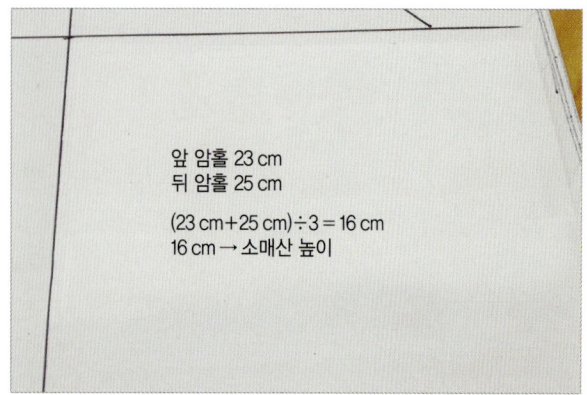

1 민소매 몸판의 앞 암홀과 뒤 암홀을 합하여 나누기 3을 하면 소매산 높이가 나온다.

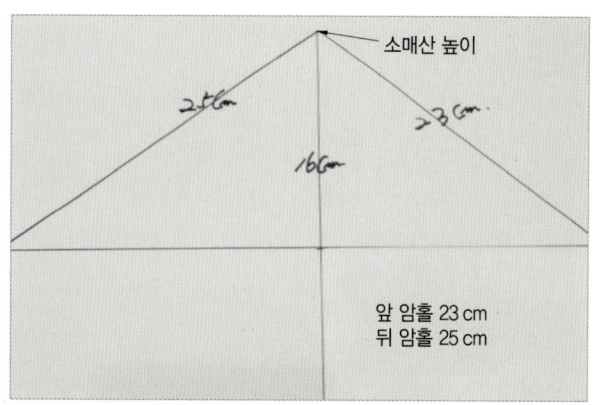

2 소매산 높이를 길게 그리고, 16 cm를 표시하여 앞 23 cm, 뒤 25 cm를 그린다.

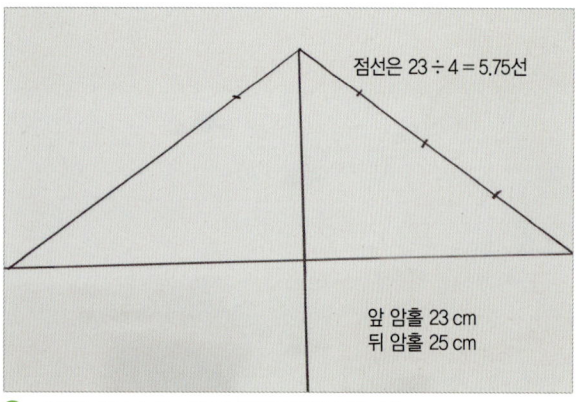

3 23을 4로 나누어 5.75씩 점을 찍는다.

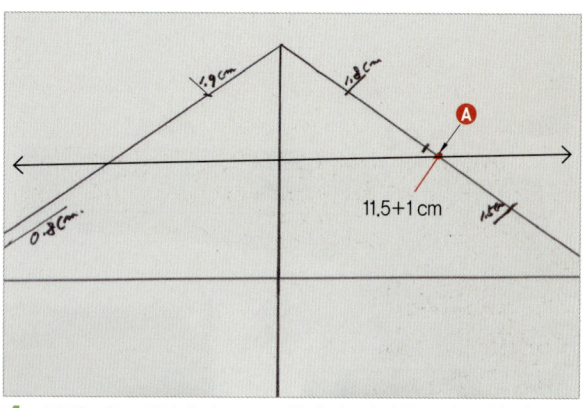

4 전체 1/2 기점에서 1 cm 내려서 직선을 긋는다(Ⓐ).

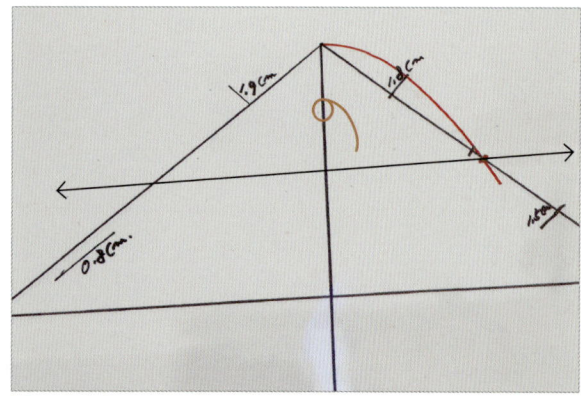

5 5.75선에서 1.8 cm를 키워주고 1 cm 내린 화살표선까지 암홀자를 이용하여 선을 긋는다.

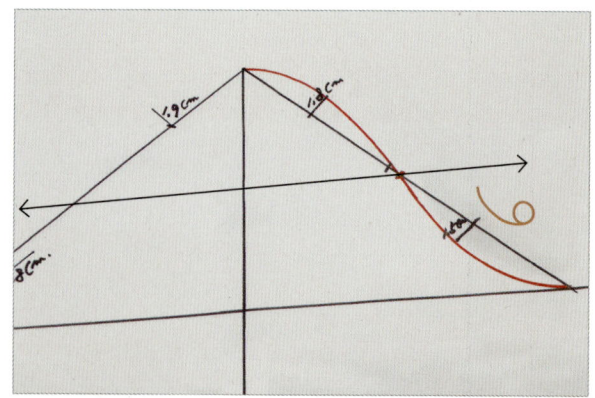

6 5.75선에서 1.5 cm를 줄여 암홀자를 이용하여 화살표 선까지 선을 긋는다.

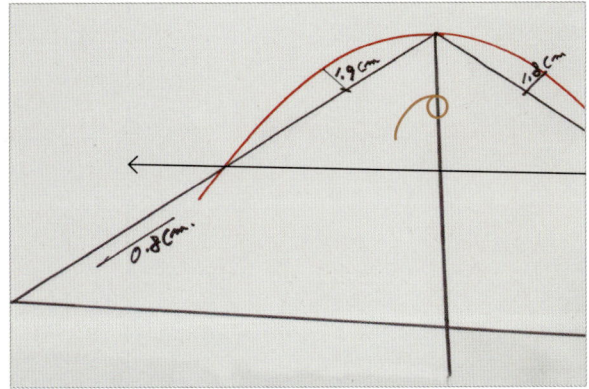

7 뒤판 5.75선에서 1.9 cm를 키워 주고 화살표선까지 암홀자를 이용하여 선을 긋는다.

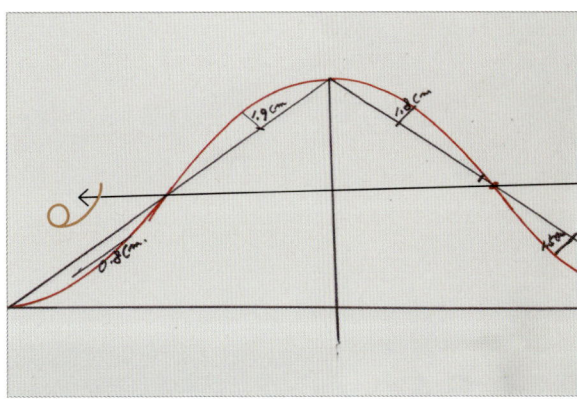

8 5.75선에서 0.8 cm를 줄여 주고 암홀자를 이용하여 화살표선까지 선을 긋는다.

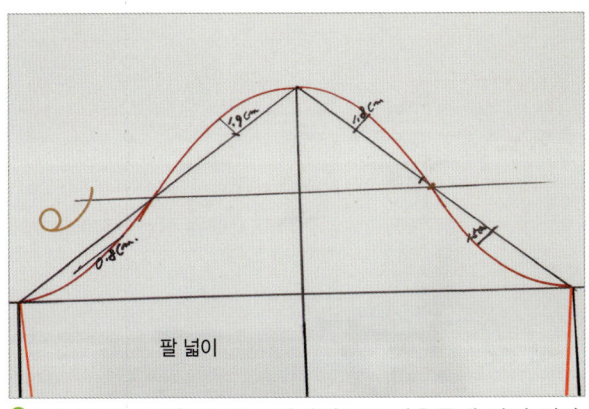

9 팔 넓이는 검은색 또는 빨간색으로 자유롭게 하면 된다.

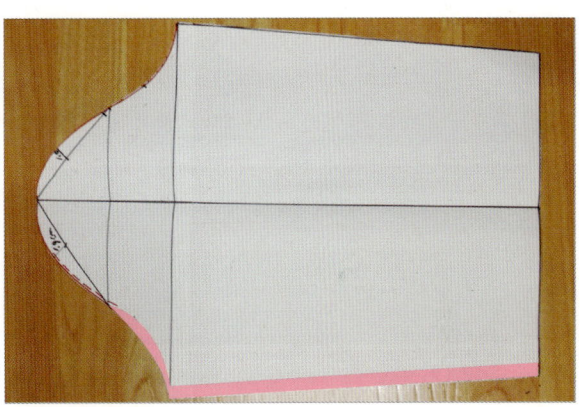

10 소매산 중심을 접으면 빨간색 표시만큼 뒤판이 크다.

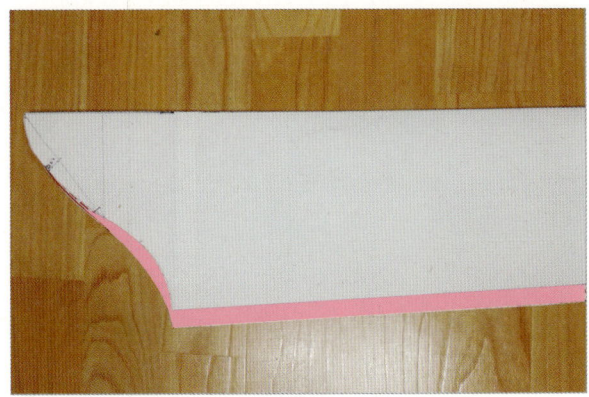

11 접어진 모습이다. 뒤판이 2 cm 정도 크다.

몸판에서 뒤판 암홀이 2 cm 크게 재단되므로 팔 암홀도 뒤판이 2 cm 크게 되어야 하며, 소매산 끝이 몸판 어깨 봉제선에 부착하게 된다.

리폼할 때 원단 삽입 방법

▍원단 사이사이 삽입법 ▍

1 작업할 청바지이다.

2 눌러 박음질된 것을 뜯는다. 때로는 오버로크를 뜯지 않고 사이로 밀어 넣어 박음질할 때도 있다.

3 삽입할 원단은 사지 않고 있는 옷을 사용하기도 한다.

4 사이로 밀어 넣어 박음질을 한다. 빨간색 부분은 분리하지 않고 파란색 부분만 분리하여 녹는 심지를 이용하여 다리미로 접착하고 박음질하면 좋다.

▍허리 부분 삽입법 ▍

5 허리 부분을 다른 원단으로 교체하려고 한다.

6 허리를 분리할 때는 가능한 한 앞부분은 만지지 않고 화살표 방향으로 뜯는다. 고리가 있으면 고리 부분 쪽을 잘라서 붙이는 방법을 쓴다.

7 고리 쪽 부분을 잘라서 연결한 모습이다. 허리를 분리하지 않고 다양한 색상의 원단을 그냥 위에서 눌러 박음질해도 된다.

▌통 부분 삽입법 ▌

8 통을 분리한다.

9 삽입할 원단을 눌러 박음질되지 않은 부분 안쪽에서 박음질하고 오버로크 처리한다.

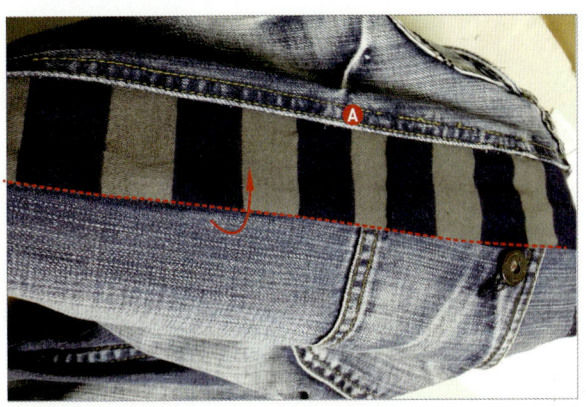

10 9의 박음질된 것을 화살표 방향으로 뒤집고 빨간색 선을 따라 눌러 박음질하고 Ⓐ부분 원단을 덮어 원래 선을 따라 박음질한다. 원단 대신 조르개나 가죽 또는 긴 지퍼를 이용해도 좋다.

11 통과 허리의 연결 부위는 위에서 눌러 박음질한다. 통이 넓어지면 허리도 자연히 늘어난다. 늘어난 부분은 **6**의 처리 방법으로 뒷면 고리 부분에서 처리하면 된다.

여기에 제시한 방법들은 예를 든 것이며, 어떤 옷이든지 접목하여 사용할 수 있다. 특히 무스탕이나 가죽에 끼어넣기 방법으로 판갈이나 수선 등을 할 때도 많이 사용한다.

PART 3

간단한 리폼 모음

목도리를 아기 원피스로 리폼

1 울 목도리이다. 폭이 넓어 원피스나 치마 리폼이 가능하다.

2 목도리를 펴서 어린이 옷을 놓고 그린다.

3 모양대로 잘라 내고 1cm 여유분을 넣고 박음질한다. 이때 앞목 부분은 자유롭게 파 준다.

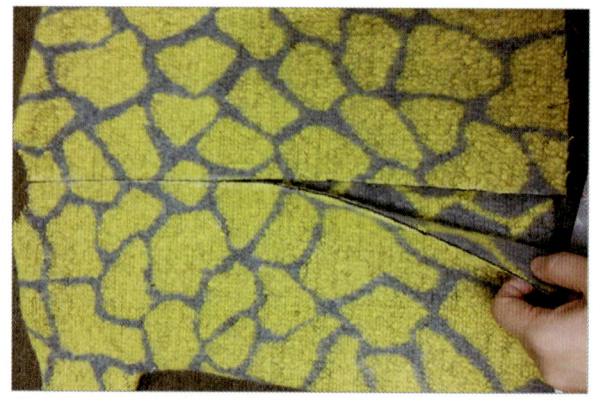

4 뒷부분 중심을 자른다.

5 자른 부분은 오버로크 처리하고 지퍼를 부착한다. 뒷부분은 지퍼 시접량만큼 크게 재단한다.

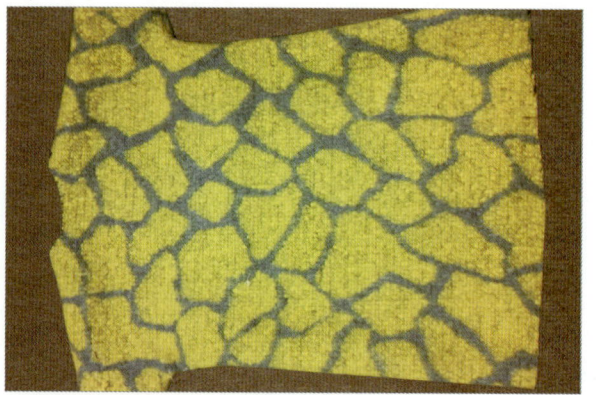

6 목과 팔과 총길이를 오버로크 처리하고 모두 손바느질이나 박음질로 마무리하면 완성이다.

블라우스 앞판 디자인 리폼

1 앞이 막혀 답답한 블라우스이다.

2 앞판의 덧붙인 부분을 잘라 낸다.

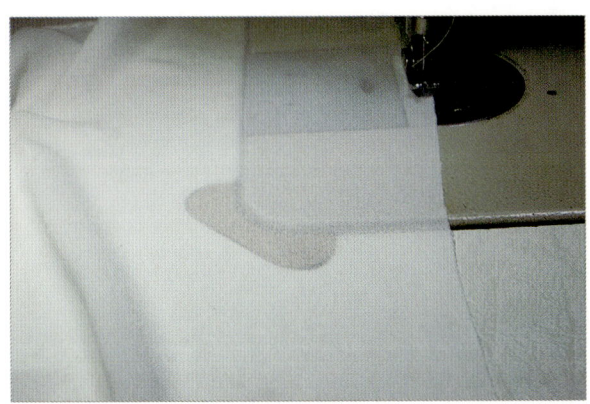

3 얇은 원단을 접어 박는 1단계는 0.2 cm 부분을 박음질한다.

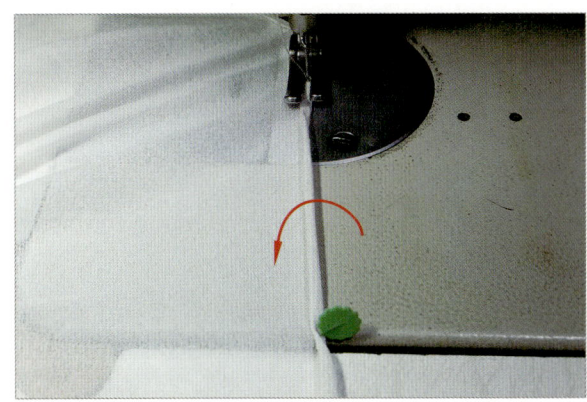

4 3 작업 후 화살표 방향으로 얇게 접어 박음질한다.

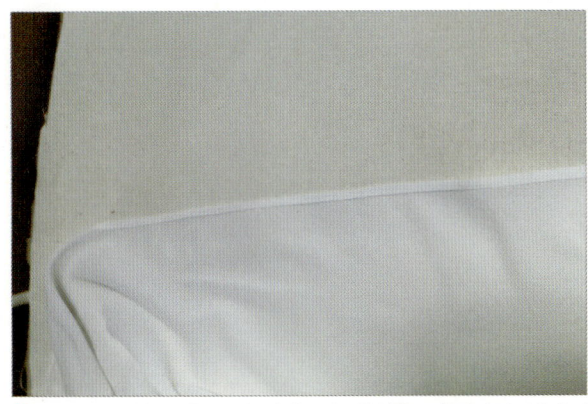

5 4 작업 완료 후 모습이다. 이 방법은 머플러와 치마의 얇은 원단 끝부분을 작업할 때 많이 이용한다.

6 완성된 모습이다.

밍크 터짐 판 갈이

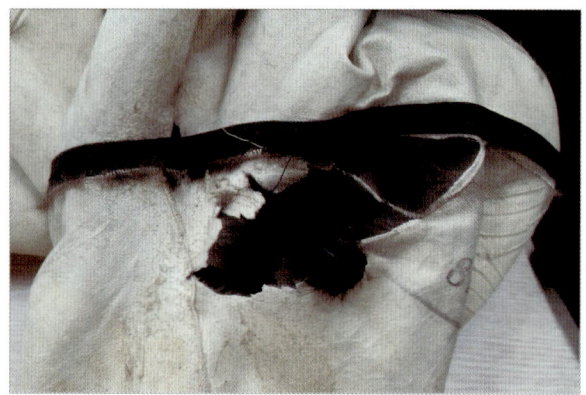

1 겨드랑이 부분이 찢겨진 모습이다.

2 찢겨진 모습대로 잘라 내고 다른 조각을 잘라진 모양대로 만든다.

3 바닥면이 너무 얇은 곳은 면반창고 또는 종이반창고를 붙이고 꼼꼼하게 감침질하면 완성된다.

이때 털의 결을 잘 맞추어야 한다. 결이 서로 어긋나게 되면 겉에서 표면이 서로 부딪치게 된다.

바지 뒤판 밑위길이 올리기

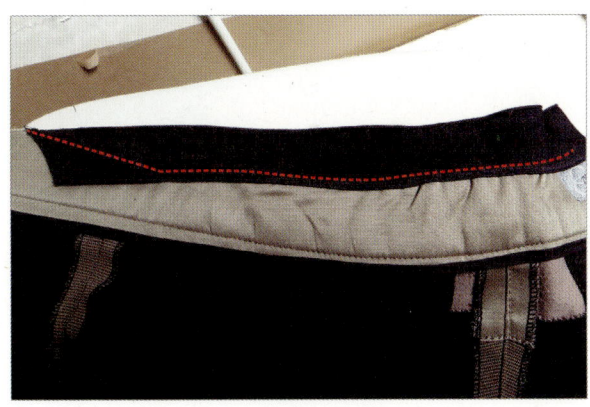

1 빨간색 선을 따라 고무줄을 잡아당기며 박음질하면 허리가 늘어져 벗겨지는 것을 방지한다.

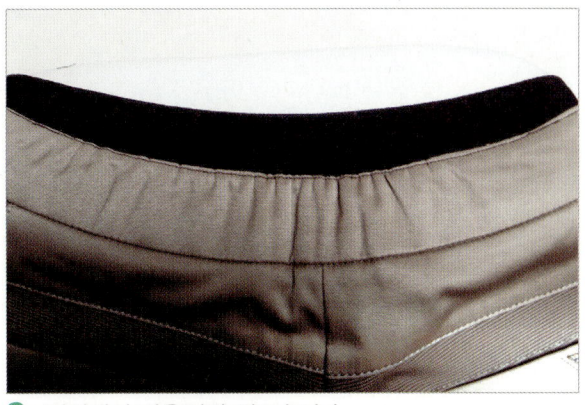

2 겉면에서 박음질된 뒷모습이다.

3 옆면에서 박음질된 모습이다. 앞은 그냥 두고 뒤만 늘여서 벗겨지는 것을 방지하고 모양도 새롭다.

블라우스 허리 고무줄 넣기

1 변경 전 블라우스이다.

2 옷을 착용하고 허리를 묶어 편한 자세를 만들고 초크로 표시를 한다.

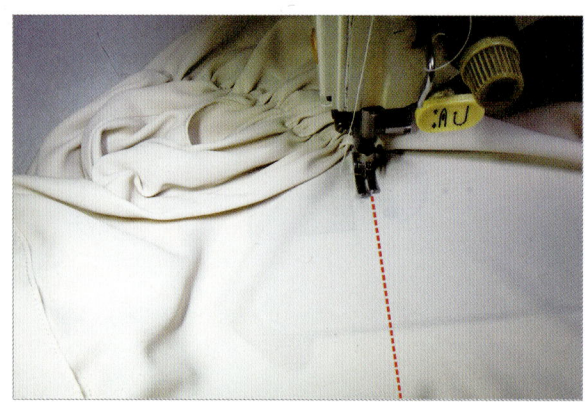

3 표시된 부분을 따라 밑실을 실고무줄로 대체하여 선을 따라 박음질한다. 노루발 뒤는 박음질된 후의 모습이다.

5 완성된 모습이다.

4 3을 뒤집어 본 모습이다.

실고무줄로 탄력을 유지할 때는 박음질 횟수를 늘려 허리의 탄력을 원하는대로 유지하면 된다. 이 방법은 어떤 옷 어떤 부분이든지 사용이 가능하므로 다양하게 이용할 수 있다.

오리털 점퍼 허리 라인 넣기

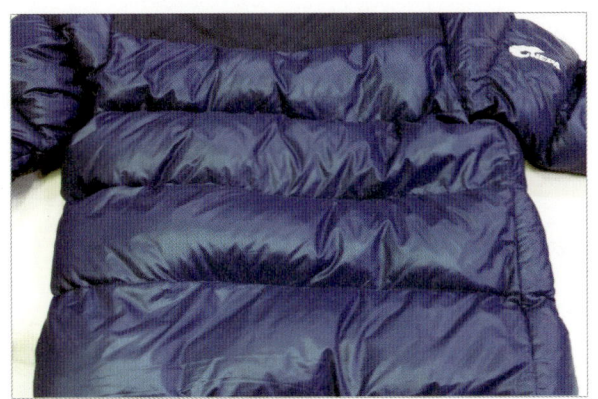

1 변경 전 오리털 점퍼이다.

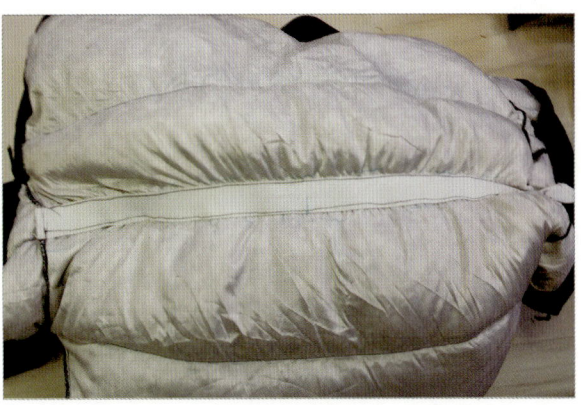

2 허리 부분에 고무줄을 박음질할 때는 안감을 뜯고 겉면에서 손으로 잘 만져가며 눌러 박음질해야 한다.

3 완성된 모습이다. 고무줄량은 너무 꽉 끼이지 않도록 75~80% 정도 하면 좋다.

재킷 앞판 디자인 리폼

1 변경 전 재킷이다.

2 입지 않는 비슷한 색상의 블라우스이다.

3 원하는 모양의 조각으로 잘라 낸 후 다양한 모양을 따라 오버로크한 후 박음질 또는 말아 박음질로 마무리한다.

4 핀이 표시된 부분에 똑딱이나 단추를 달아 모양을 낸다.

5 또 다른 모양의 모습이다.

6 원단의 조각에 따라 다양한 연출을 할 수 있다.

청바지 주머니로 어린이 옆가방 만들기

1 청바지 뒷부분이다.

2 주머니를 분리한다.

3 앞뒤 합쳐 박음질하고 다림질하여 뒤집으면 끝부분이 깨끗하게 된다.

4 안쪽에 오버로크 처리하고 뒤집은 모습이다.

5 끝부분을 오버로크 처리하고 테이프 처리로 마감한다.

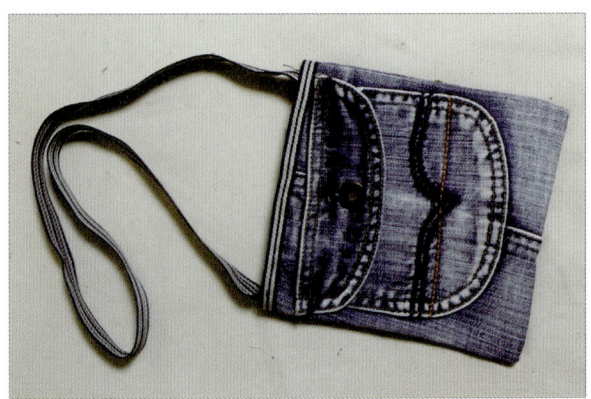

6 양쪽에 끈을 달면 앞뒤 같은 모양의 옆가방이 완성된다. 끈은 앞뒤로 달아 손가방으로 사용해도 된다.

티셔츠 2장으로 원피스 만들기

1 2장의 티셔츠이다. 모양이 달라도 상관없다.

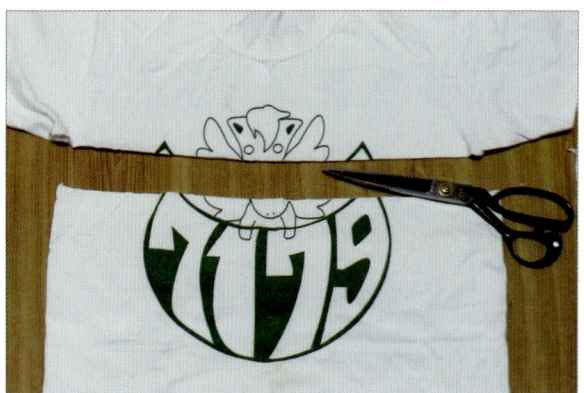

2 하나의 셔츠는 겨드랑이 밑을 자른다. 이것은 길이에 따라서 조정이 가능하다.

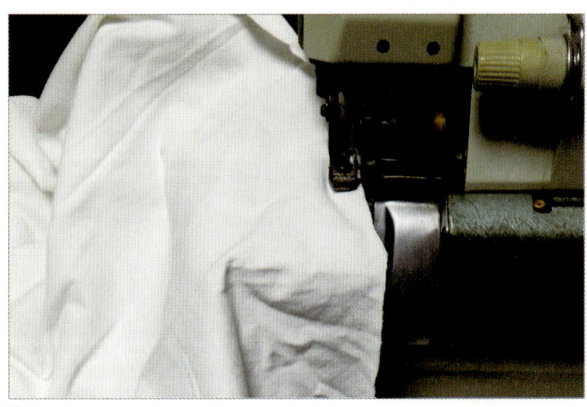

3 자른 부분은 오버로크 처리한다.

5 완성된 모습이다.

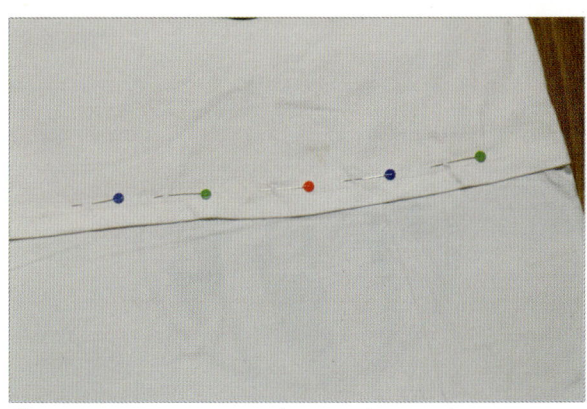

4 연결할 때는 핀 부위가 (자르지 않은 셔츠) 박음질된 완성선인데 그 부분을 따라서 아랫단과 함께 눌러 박음질한다.

핀 아랫부분은 박음질되지 않고 들떠 있어야 한다. 그래서 덧붙여진 아랫부분이 2중으로 보이는 느낌을 갖게 해야 하며, 어떤 종류의 옷이든지 가능한 모습이다.

통 넓은 남방 허리 라인 넣기

1 통이 넓은 남방이다.

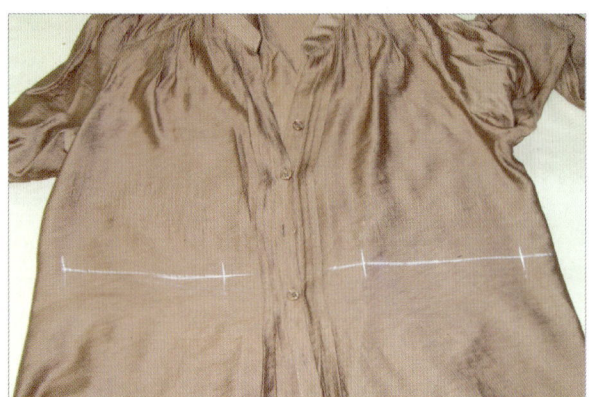

2 허리 라인을 표시한 후 고무줄 길이를 선택하여 표시한다.

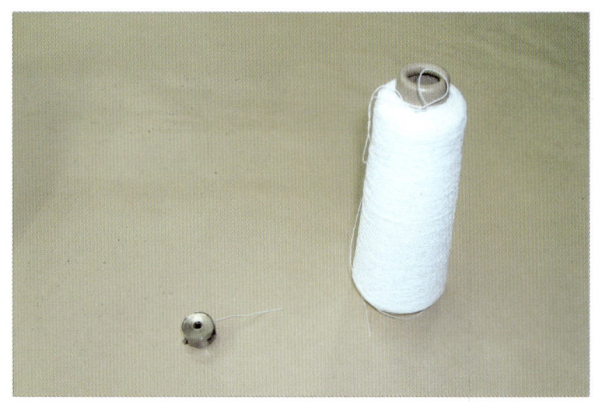

3 고무줄은 실고무줄을 북집에 감아서 밑실로 사용한다.

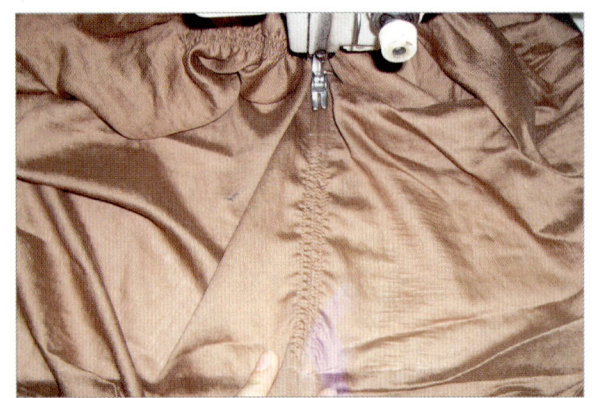

4 초크로 그린 선을 따라 위에서 같은 색실로 박음질한다. 박을 때는 천을 당겨서 박아야 한다.

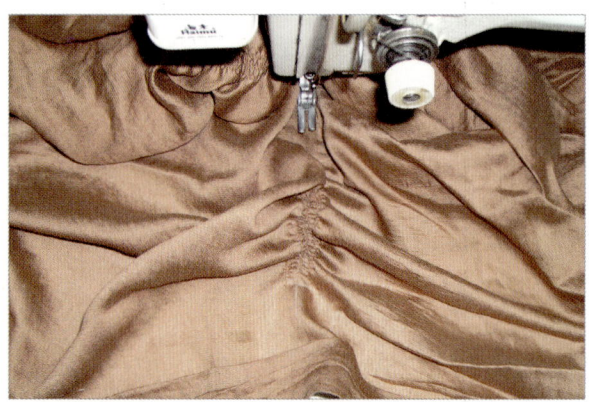

5 4를 박은 후 천을 당기지 않았을 때의 모습이다.

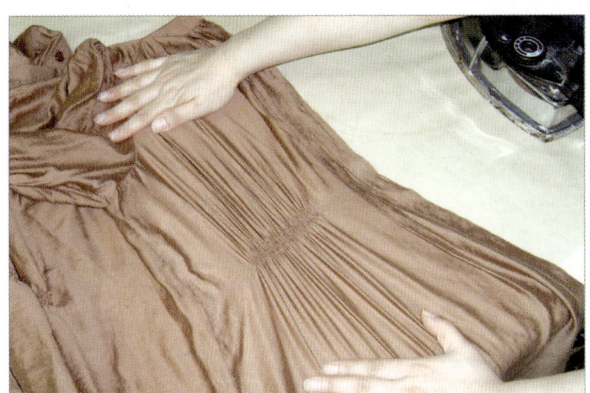

6 스팀 다림질할 때는 위아래에서 잡아당기고 위에서 가볍게 스팀만 주면 된다.

7 완성된 남방의 뒷모습이다.

8 완성된 남방의 앞모습이다. 긴 남방은 원피스로 입어도 된다.

라운드 티셔츠 앞주름 넣기

1 변경 전 티셔츠이다.

2 실고무줄을 북집에 감는다.

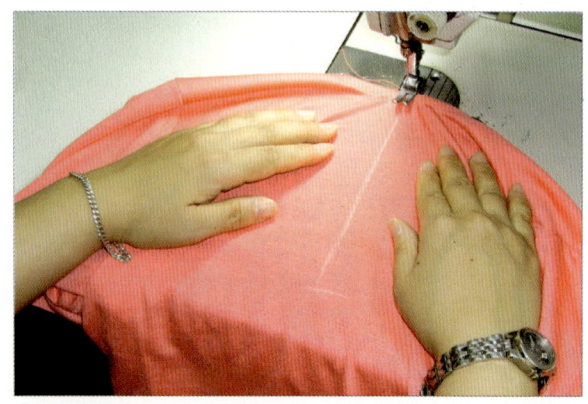

3 고무줄을 북집에 넣고 위는 같은 실을 끼워 티셔츠 앞 부분에 원하는 만큼 박아 주면 된다.

4 완성된 모습이다.

통 넓은 티셔츠 허리 라인 넣기

1 통 넓은 티셔츠이다.

2 실고무줄을 북집에 감는다.

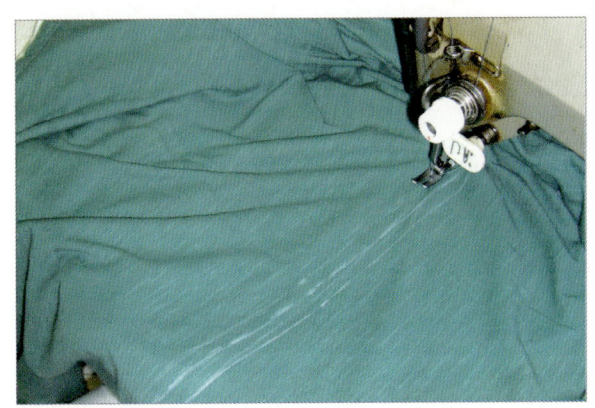

3 티셔츠 허리에 선을 그리고 원하는 만큼 박은 후 스팀 다림질하면 된다.

4 완성된 뒷모습이다.

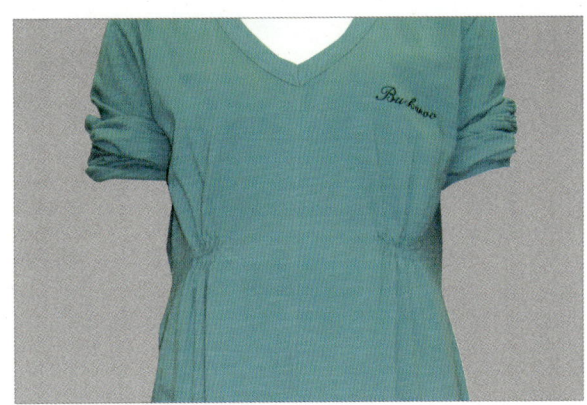

5 완성된 앞모습이다.

칼라 티셔츠를 라운드 티셔츠로 리폼

1 변경 전 칼라 티셔츠이다.

2 티셔츠에 원하는 모양대로 밑그림을 그려서 자른다.

3 목 라인과 진동을 파고, 잘라 낸 소매로 바이어스테이프를 만들어 놓는다.

4 목이 늘어나지 않도록 0.5 cm 접착테이프를 붙인 후 어깨부터 박음질한다.

5 목과 진동둘레에 만들어 놓은 바이어스테이프를 달아 준다(테이프 너비 2.5 cm).

6 목에 바이어스테이프를 달아 다림질한 후 오버로크 처리한다.

7 시중에서 파는 테이프를 사용해도 된다.

8 완성된 라운드 티셔츠이다.

티셔츠를 박을 때는 11번 바늘 새 것이나 9번 바늘을 사용하면 원단에 구멍이 나지 않는다.

간단한 리폼 모음 **49**

일반 조끼를 트임 조끼로 리폼

1 변경 전 일반 조끼이다.

2 조끼의 중간에 선을 그어 중심선을 자른다.

3 바이어스테이프를 중심선에 대고 안쪽에서부터 박는다.

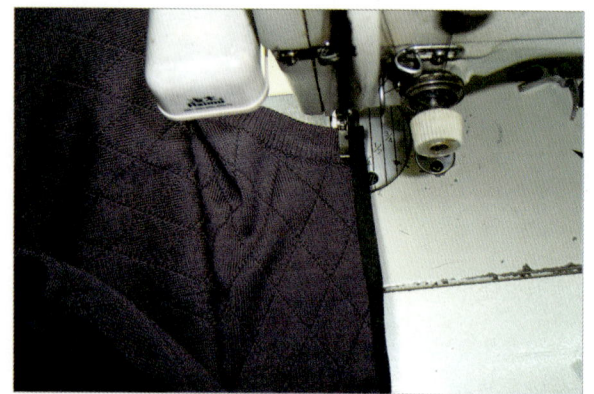

4 3에서 박은 바이어스테이프를 말아 위에서 눌러 박는다.

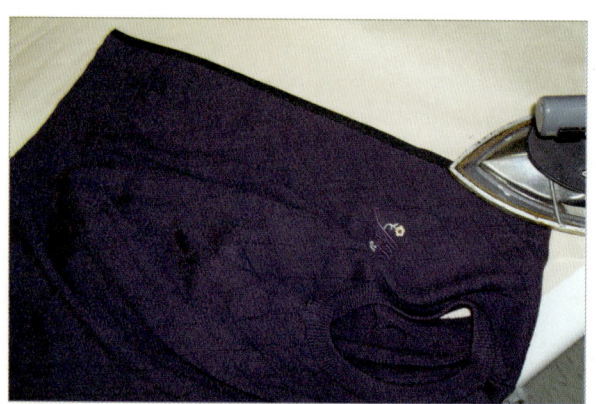

5 스팀을 주면서 꾹 누르지 말고 살살 다림질한다.

6 흰색 초크 부위로 지퍼를 위에서 눌러 박아도 좋다. 이 작품은 그냥 오픈해서 입으려고 지퍼를 달지 않았다.

지퍼를 리폼하여 부착할 때 원단을 지퍼 너비보다 조금 적게 박아야 뒷면이 깔끔하다.

7 완성된 트임 조끼이다.

라운드 티를 브이넥 티로 리폼

1 변경 전 라운드 티이다.

2 라운드 티셔츠에 곡선자를 사용하여 원하는 만큼 목 부분에 선을 그린다.

3 앞판과 뒤판의 목 부분을 다르게 파주어 잘라 낸다.

4 잘라 낸 목 부분의 테이프를 뜯어 둔다(새로운 목 라인에 사용하기 위해서이다).

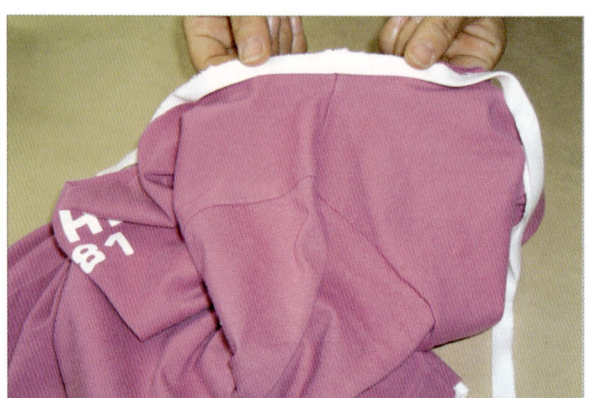

5 목 라인을 반으로 잘라서 그것을 새로운 목 라인에 맞추어 본다.

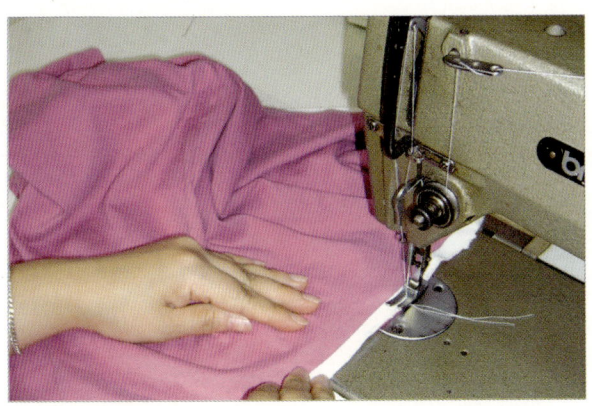

6 목이 늘어나지 않도록 0.5 cm 직선테이프를 붙인다. 가로로 반을 자른 테이프를 목 라인에 대고 박는다.

7 6에 오버로크 처리하여 완성한다. 위에서 스티치하지 않는다.

8 완성된 브이넥 티이다.

0.5 cm 테이프는 좁아서 바이어스 부분이나 직선 부분 어디에나 잘 어울려 쉽게 사용 가능하다.

PART 4

아동복 리폼

멜방바지를 치마로 리폼

1 멜방바지를 준비하고 원하는 길이를 표시한다.

2 원하는 길이만큼 자른다.

3 바지 밑부분이 넉넉한 부분을(앞뒤) 표시처럼 줄여 준다.

4 3을 안쪽에서 앞뒤 같은 모양으로 줄여 준다.

5 4의 작업으로 깨끗해진 모습이다.

6 길이는 오버로크 처리하고, 3cm 시접을 넣고 다림질하여 손바느질 또는 박음질로 마무리한다.

민소매 티를 어린이 바지로 리폼

1 티셔츠와 어린이 바지를 맞추어 본다.

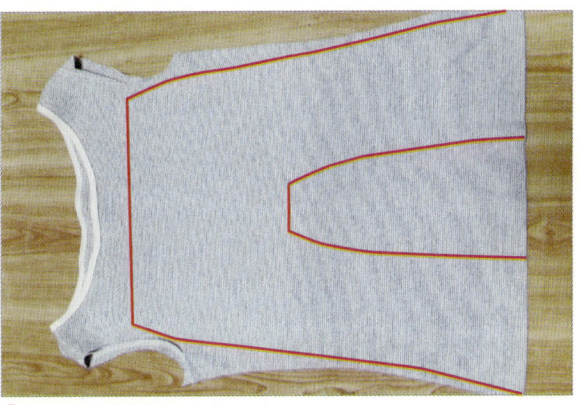

2 바지 모양대로 본을 그린다. 신축성이 좋으므로 밑부분은 둥그렇게 해도 된다.

3 양쪽이 같도록 접어서 자른다.

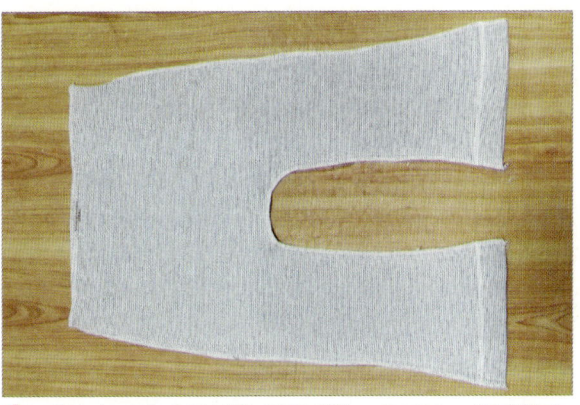

4 양옆과 가랑이 부분을 박음질하고 오버록 처리한다.

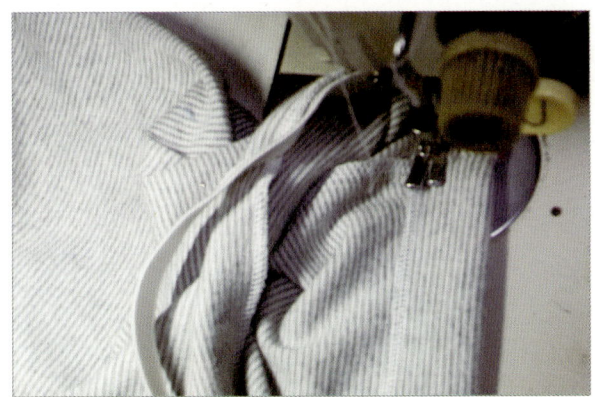

5 허리 부분은 오버록 처리하고 고무줄을 넣어 박음질한다.

6 완성된 모습이다. 길이는 있는 그대로 사용하여 따로 봉제하지 않는다.

어린이 재킷을 티셔츠와 접목

1 적어서 입지 못하는 재킷이다. 뒤에 니트 종류를 넣어 신축성있게 하려고 한다.

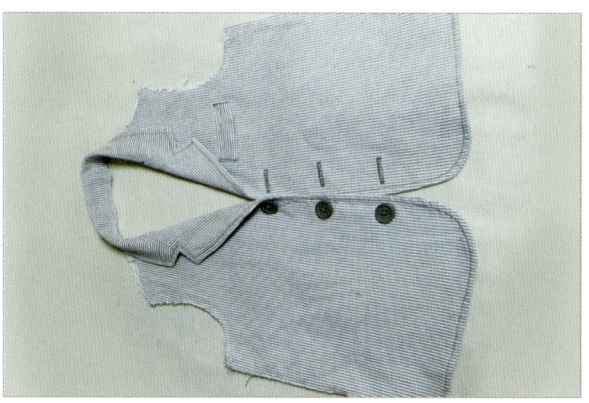

2 앞판과 칼라를 남기고 모두 분리한다.

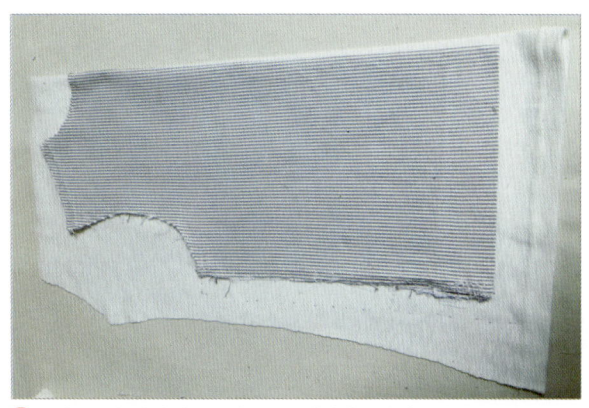

3 티를 분리하여 골선으로 재단을 한다. 옆 부분은 조금 크게 늘린다.

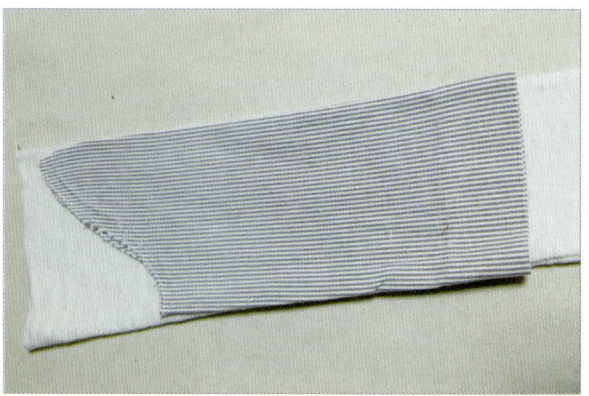

4 소매도 같은 방법으로 재단을 하되 때로는 티셔츠 소매 끝부분을 그대로 살리기도 한다.

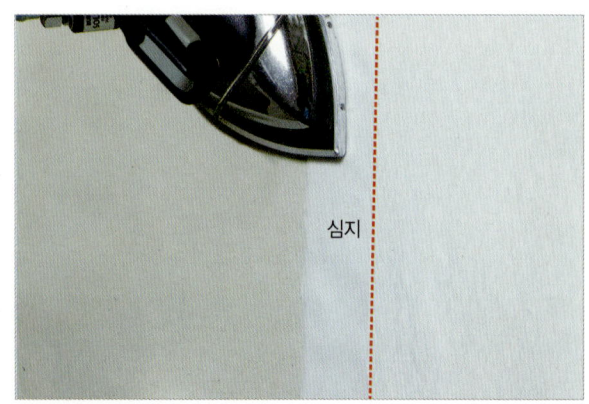

5 밑단 부분과 소매 끝부분에 심지를 붙여 주면 힘을 받아 훨씬 깔끔하다.

6 안쪽에서 어깨와 앞뒤판을 박음질한다.

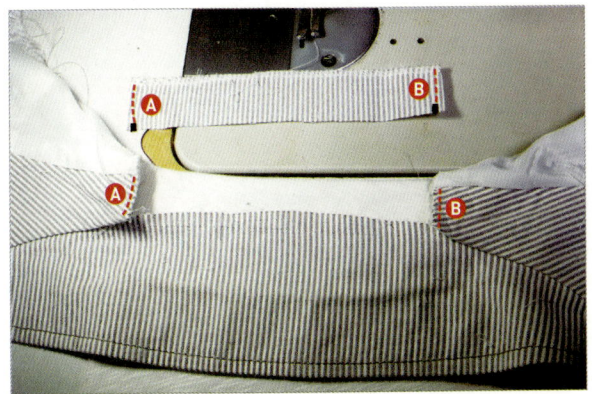

7 안감이 있는 것은 이 부분이 없는 경우가 많다. ⓐ와 ⓑ를 각각 합쳐 박음질할 때 검은 점이 있는 쪽으로 약간 사선을 만들어 주어야 어깨가 편안하다.

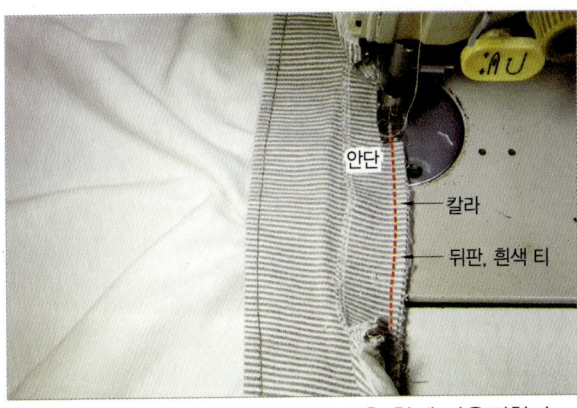

8 7의 안감과 칼라와 흰색 티 부분을 함께 박음질한다.

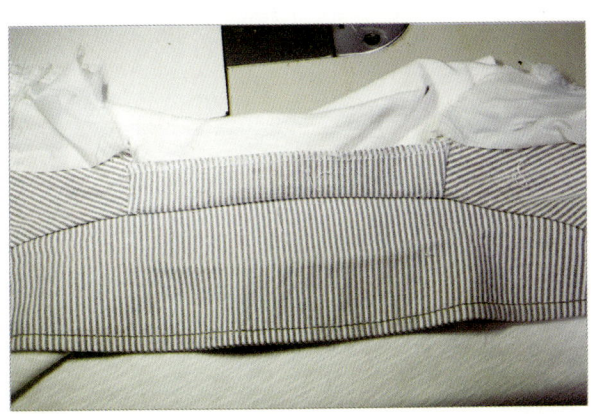

9 안단이 완성된 모습이다.

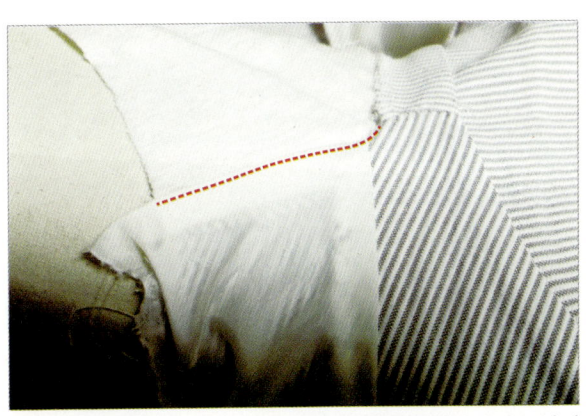

10 안감을 잘 접어 시접에 맞추어 다림질한다. 녹는 심지로 붙여 주고 위에서 눌러 박음질한다.

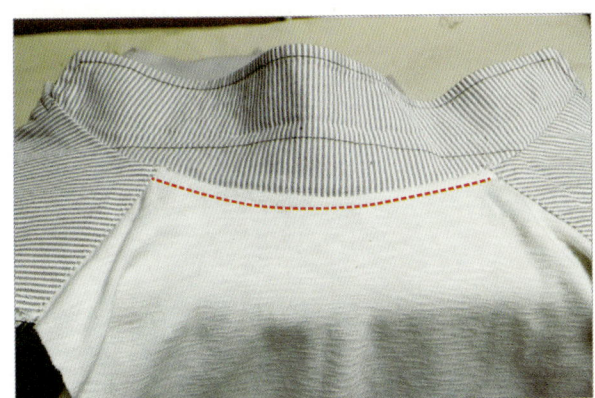

11 목둘레도 들뜨지 않도록 눌러 박음질한다.

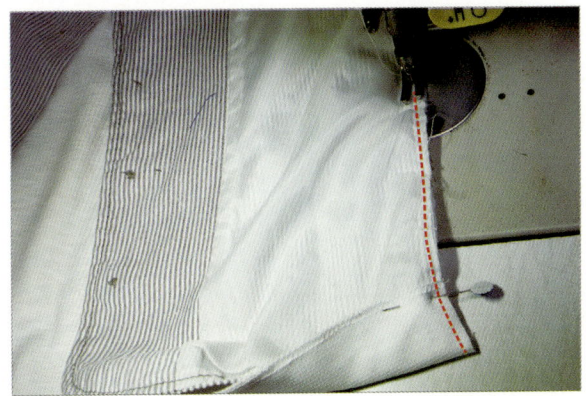

12 품을 박음질할 때 아랫부분 뒤판 원단을 접어서 함께 박음질한다.

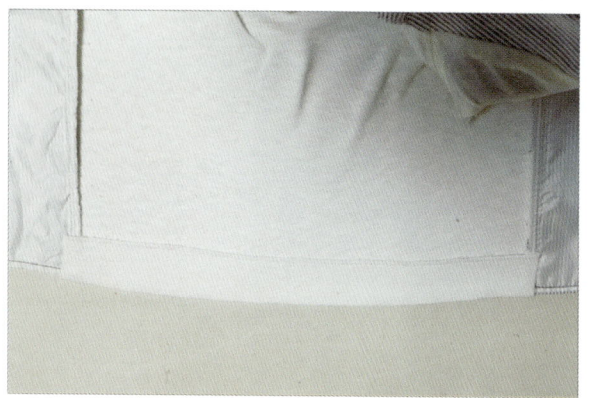
13 12 작업으로 끝부분이 깔끔하다.

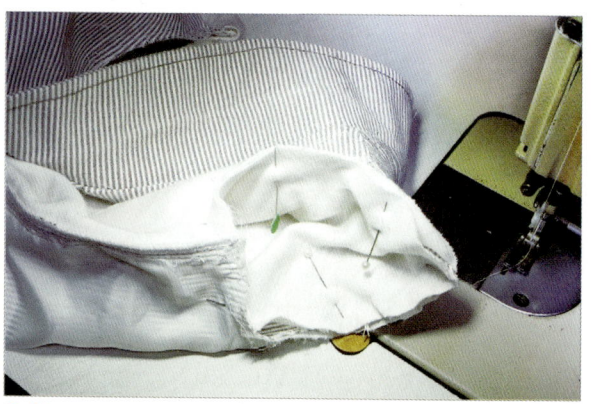
14 만들었던 소매를 핀으로 고정하고 돌려 박음질한다.

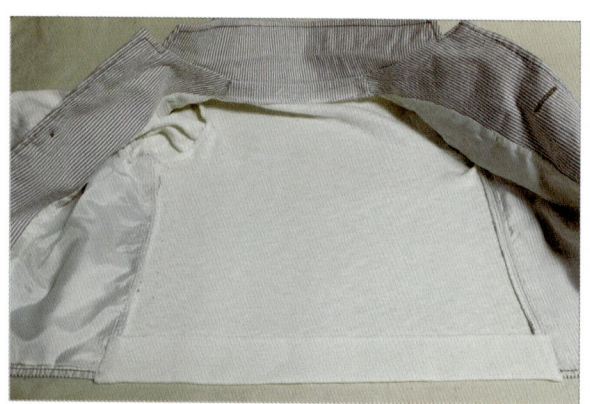
15 안쪽은 모두 오버로크 처리한다.

16 완성된 뒷모습이다.

17 완성된 앞모습이다.

뒤판 원단을 티 또는 니트를 이용하면 같은 사이즈로 만들지라도 풍족하고 편안함을 느낀다. 이와 같은 방법으로 숙녀복 재킷을 변경하면 편안한 착용감을 느낄 수 있다.

티셔츠를 어린이 바지로 리폼

1 리폼할 티셔츠이다.

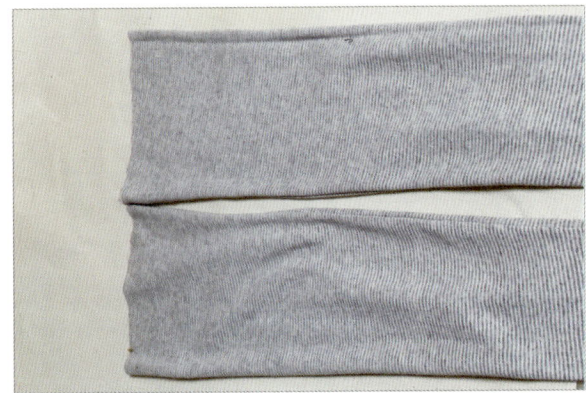

2 팔을 잘라 낸다.

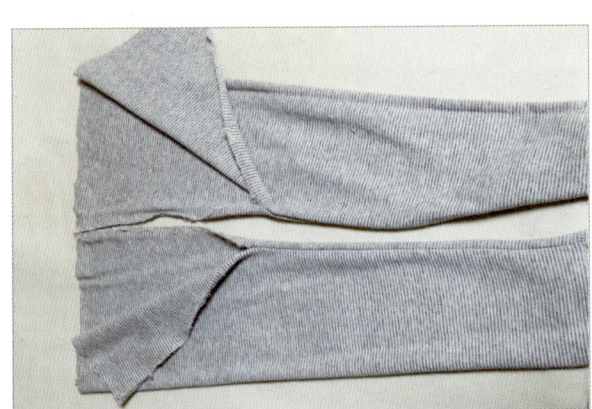

3 필요한 길이만큼 뜯는다.

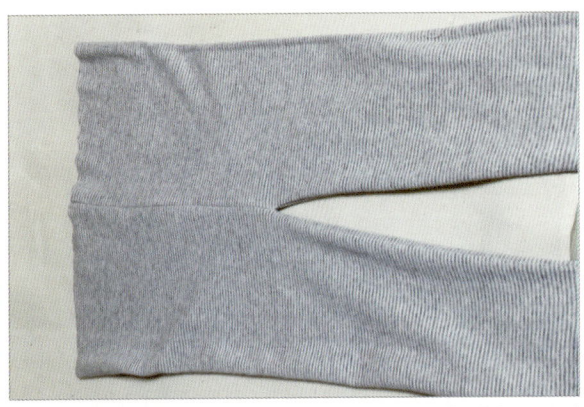

4 3에서 분리된 부분을 서로 마주보고 박음질하고 오버로크 처리한다.

5 끝부분을 오버로크 처리하고 고무줄을 넣고 박음질한다.

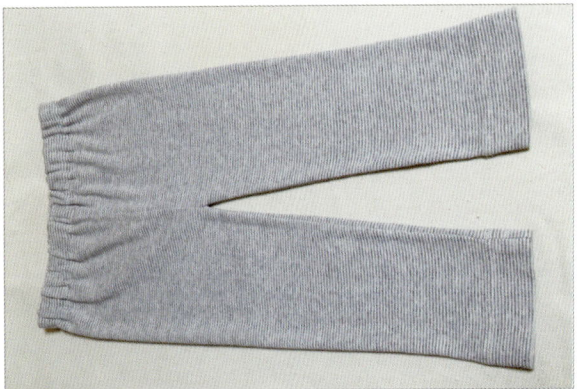

6 완성된 모습이다. 밑단은 소매 끝을 그대로 사용한다.

티셔츠를 민소매 티로 리폼

1 티셔츠를 준비하고 몸판에서 샘플을 따라 자를 때 목 부분은 넉넉히 잘라 낸다.

2 샘플을 반으로 접어 목 부분은 앞뒤를 따로 잘라 낸다.

3 잘라 낸 모습이다.

4 앞뒤 어깨 부분을 합쳐 박음질한다.

5 앞판 뒤판 합하여 좌우를 박음질한다.

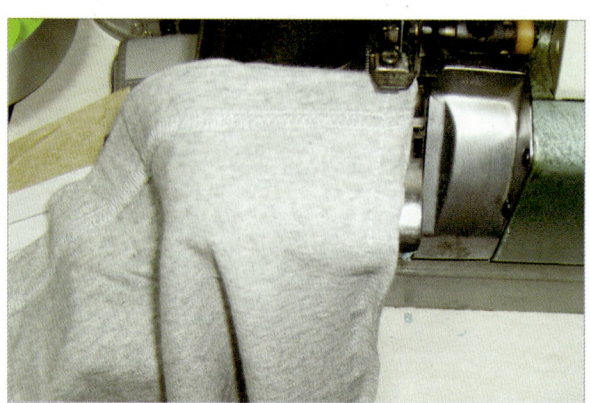

6 4와 5의 박음질 부분을 오버로크 처리한다.

7 3cm 정도의 바이어스테이프를 만들어 연결한다.

8 2분의 1로 접어 다림질하고 다시 한쪽을 4분의 1을 안으로 접어 다림질한다.

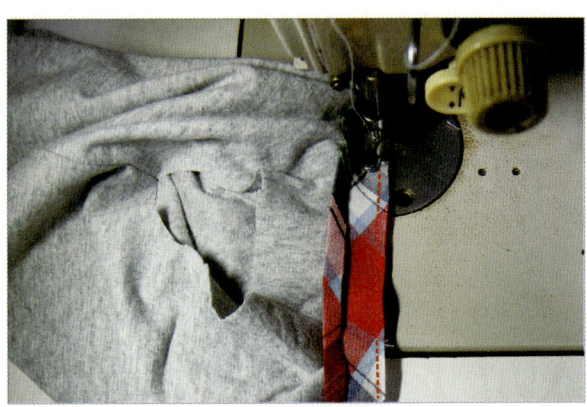

9 접혀지지 않은 부분을 원단과 함께 0.5cm 간격으로 박음질한다.

10 9 작업을 감싸 위에서 눌러 박음질하면 완성이다.

11 완성된 모습이다. 이 방법은 여러 곳에서 자주 이용되는 방법이다.

8에서 다림질되므로 10에서 눌러 박음질할 때 편하다. 바이어스 접는 방법은 어느 곳이나 이용되며, 때로는 만들어 판매하는 바이어스를 사용하기도 한다.

아빠 티셔츠를 아이 치마로 리폼

1 아빠 티셔츠이다.

2 티셔츠 중앙에 치마 모양의 밑그림을 그린 후 잘라 낸다.

3 양옆을 박음질한 후 오버로크 처리한다.

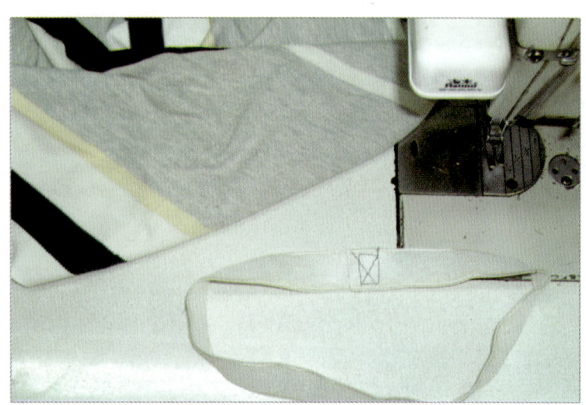

4 허리에 고무줄을 대고 박아 준다.

5 고무줄을 아래에 놓고 치마 원단을 위에 놓고 고무줄의 1/3쯤 박아 준다.

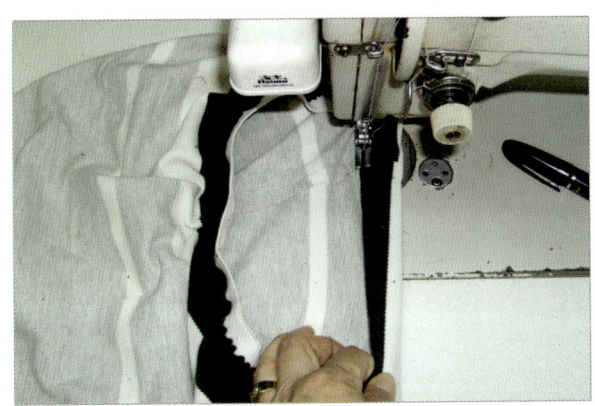

6 5에서 박은 고무줄을 다시 엎어서 고무줄 끝을 박아 준다.

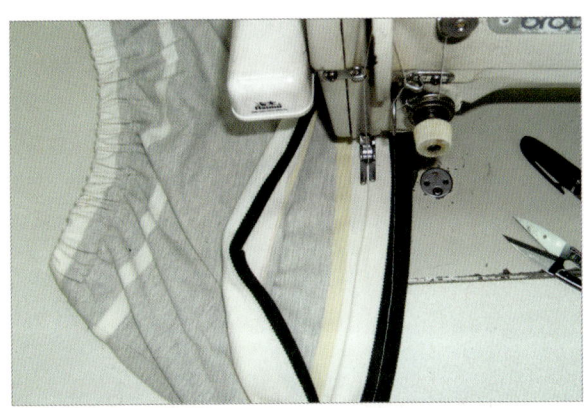

7 치마단은 오버로크 처리한 후 말아 박아 준다.

8 완성된 아이 치마이다.

치마 허리에 넣을 고무줄보다 원단이 약간 큰 것이 좋다. 그리고 고무줄을 4등분하여 초크로 체크한다. 원단에도 4등분하여 체크한 후 각각 체크한 같은 자리에 고무줄을 당겨서 박아 주면 주름이 예쁘게 만들어진다.

아빠 티셔츠를 아이 카디건으로 리폼

1 아빠 티셔츠이다.

2 아빠 티셔츠 한쪽에다 아이 카디건의 밑그림을 그린다.

3 밑그림대로 잘라 낼 때 앞뒤의 목의 형태가 다르므로 따로 잘라 내야 한다.

4 잘라 낸 몸판의 어깨 부분과 양옆을 박음질한다.

5 4의 박음질한 것을 오버로크 처리한다.

6 아빠 티셔츠 남은 한쪽 부분에 소매를 그려 잘라 낸다.

7 몸판과 소매에 핀을 꽂아 놓고 박은 후 오버로크 처리한다.

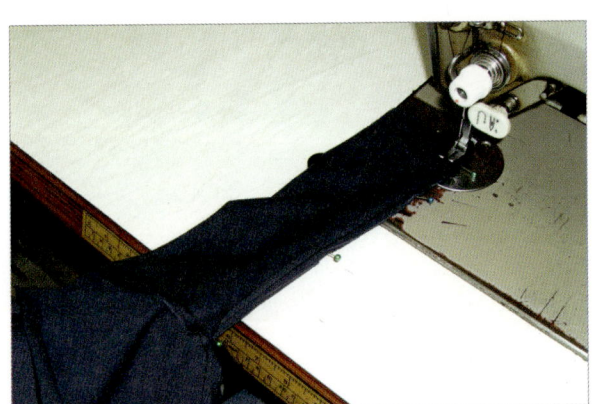

8 소매와 몸판 양옆을 연결하여 박음질한다.

9 8의 박음질한 것을 오버로크 처리한다.

10 완성된 아이 카디건이다.

카디건을 만들고 남은 티셔츠의 소매를 이용해서 치마를 만든다. 소매를 마주 붙여 박음질한 후 허리에 고무줄을 넣어 만든다. 소매끝은 그대로 사용한다.

아빠 티셔츠를 아이 민소매 원피스로 리폼

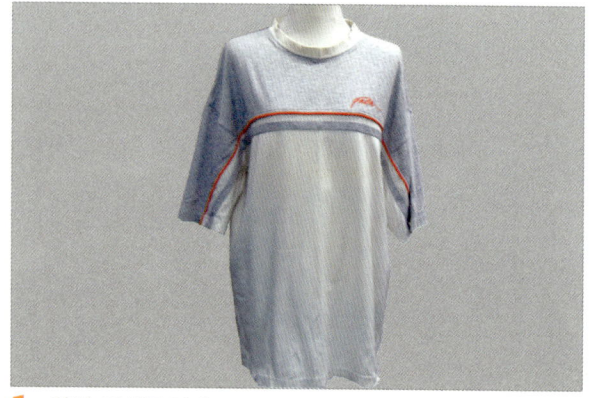

1 아빠 티셔츠이다.

2 아빠 티셔츠에 아이 원피스의 밑그림을 그리고 잘라 낸다.

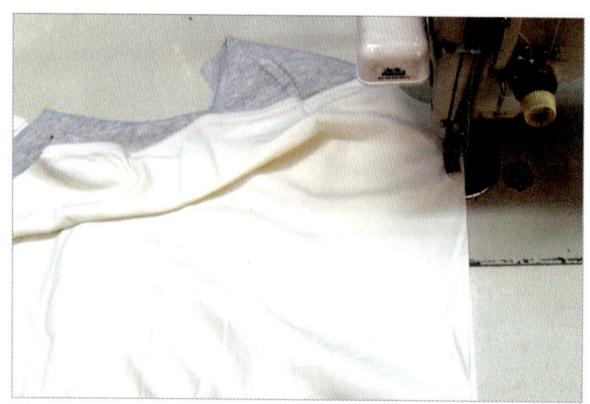

3 원피스의 어깨를 박아 준 후 오버로크 처리한다.

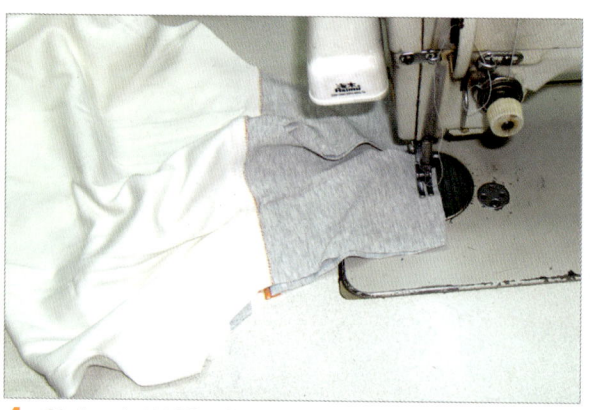

4 원피스의 양옆을 박아 준다.

5 양옆을 박은 후 오버로크 처리한다.

6 나머지 원단으로 2.5 cm 테이프를 만들어 진동 부분을 박는다.

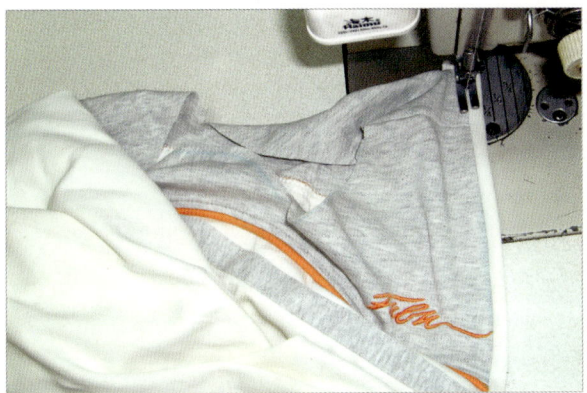

7 6의 테이프를 다시 말아 박으면 깨끗하게 된다.

8 목 라인은 오버로크 처리해서 접어 박아 준다.

9 원피스 밑단에 레이스를 달아 준다. 밑단 레이스를 박을 때는 레이스에 주름을 잡아서 넣는다.

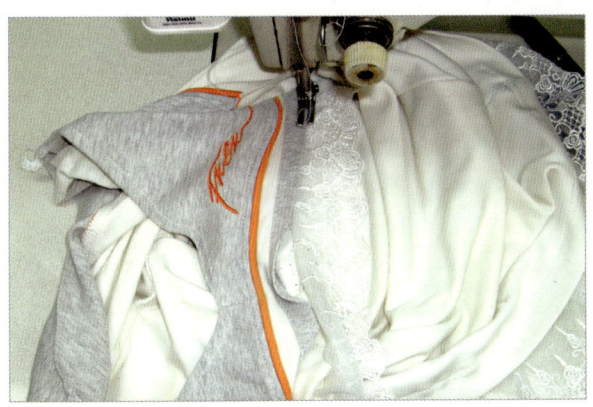

10 가슴 부분에도 붙어 있는 테이프를 뜯어서 그 사이에 레이스를 박아 준다. 마지막으로 허리 부분에 실고무 줄을 박아 완성한다.

11 완성된 아이 민소매 원피스이다. 여러 방면에 다양한 응용이 가능하다.

아빠 티셔츠를 아이 조끼로 리폼

1 아빠 티셔츠이다.

2 아빠 티셔츠에 아이 조끼 밑그림을 그린다.

3 밑그림대로 천을 잘라 낸다.

4 진동 모양대로 폭 3 cm 정도의 테이프를 만든다.

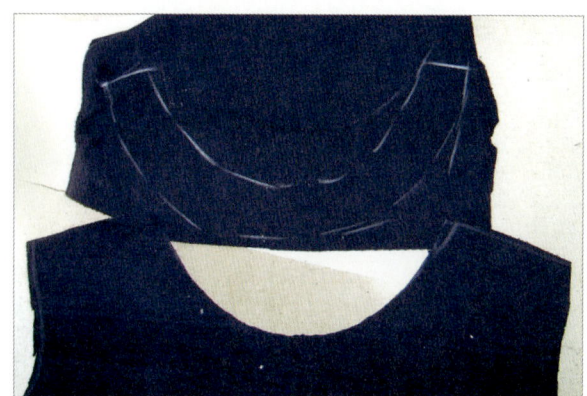

5 목 모양대로 폭 3 cm 정도의 테이프를 만든다.

6 잘라 낸 진동과 목 각각에 늘어지지 않도록 심지를 붙여 준다.

7 6의 양옆을 각각 연결한다.

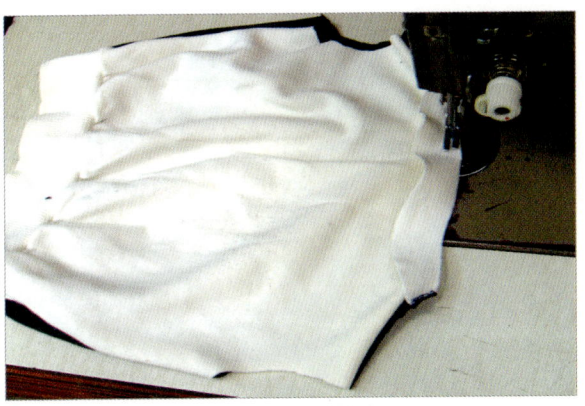

8 목 부분에 5를 합쳐서 박음질한다.

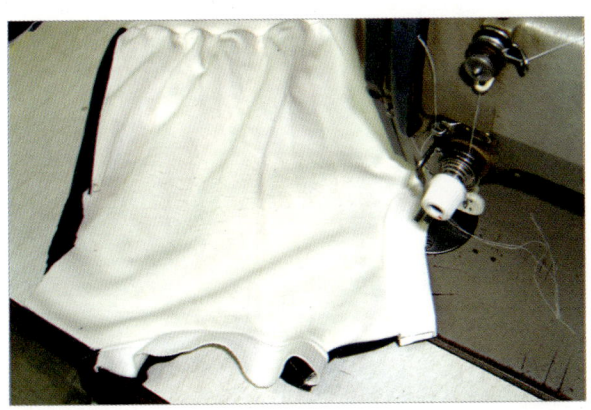

9 진동 부분에 4를 합쳐서 박음질한다.

10 8, 9를 안으로 넣은 후 다림질하고 뜨지 않도록 안에서 시침을 떠 주면 된다.

11 완성된 아이 조끼이다.

목과 진동의 겉면이 깔끔해 보이도록 안쪽에 심지를 붙여 원단을 넣는다.

엄마 블라우스를 아이 치마와 민소매로 리폼

▎치마 만들기

1 엄마 블라우스이다.

2 아이의 사이즈에 맞게 입고 싶은 치마 길이만큼 자른다.

3 허리 부분은 소매 커프스를 이용한다.

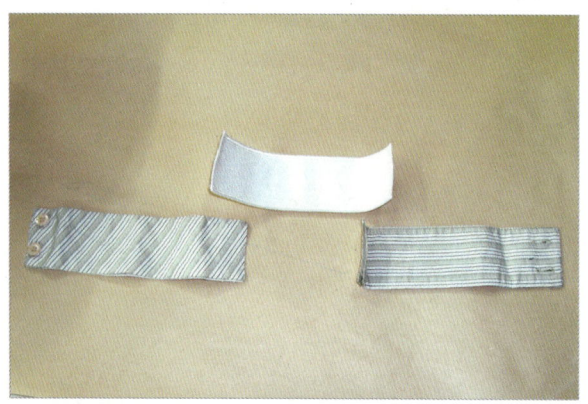

4 치마 앞부분은 소매 커프스를, 뒷부분은 고무줄을 이용하여 허리의 편안함을 주려고 한다.

5 앞쪽 커프스 부분과 뒤쪽 고무줄을 연결할 때는 먼저 한쪽을 안에서 박음질한다.

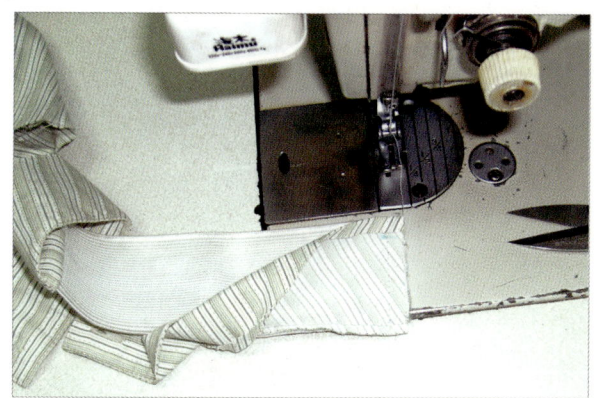

6 5를 박음질한 후 위에서 덮어 다시 박아 주며 끝부분에 0.7 cm 정도 남겨두고 박음질한다.

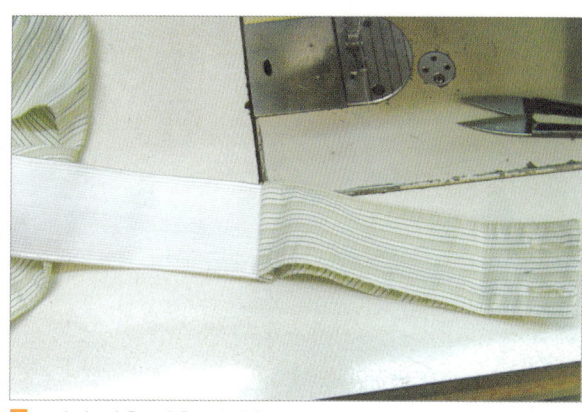

7 허리 박은 것을 뒤집은 모습이다.

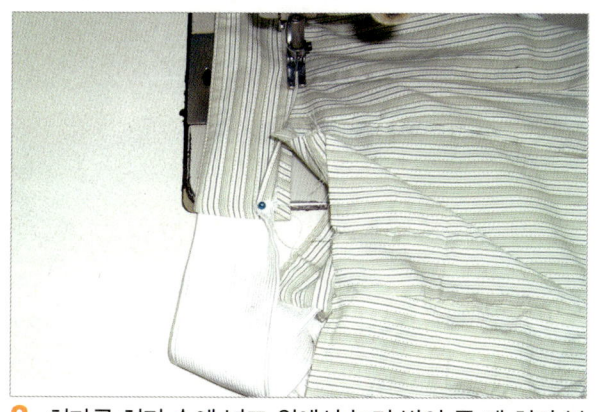

8 치마를 허리 속에 넣고 위에서 눌러 박아 줄 때 허리 부분 아래쪽이 0.7 cm가 터져 있어야 박을 수 있다.

9 허리를 박을 때는 양옆을 먼저 박고 다음에 고무줄을 박는 것이 좋다.

▌민소매 만들기 ▌

10 뒷면은 고무줄을 당기면서 박음질한다.

11 블라우스에 밑그림을 그리고 가위로 잘라 낸다. 밑그림은 현재 아이가 입고 있는 옷을 대고 그리는 것이 좋다.

아동복 리폼 73

12 민소매의 양옆을 박아 준다.

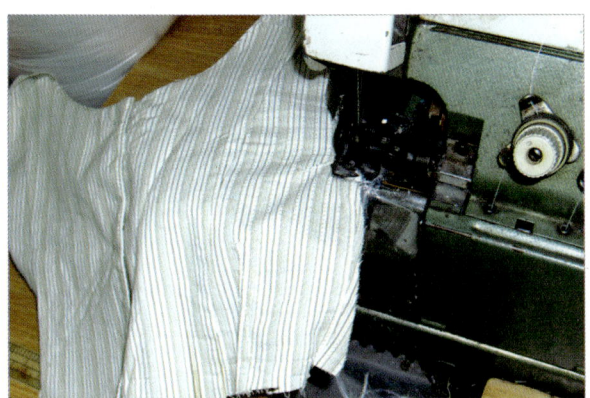

13 박은 부분을 오버로크 처리한다.

14 어깨끈을 길게 하기 위해 나머지 원단으로 끈을 만들어 연결한다.

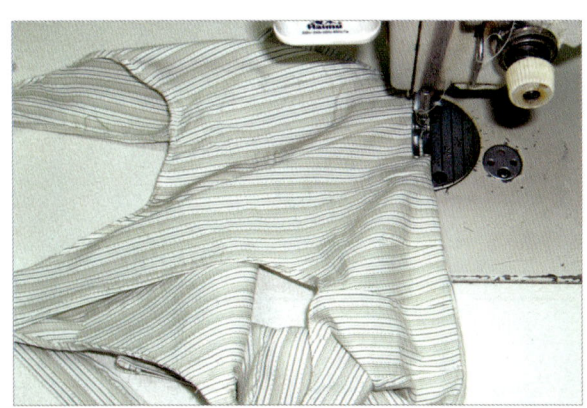

15 밑단은 바이어스 처리해서 말아 박음질한다.

16 완성된 아이의 치마와 민소매이다.

목이나 진동, 밑단 부분은 시중에서 판매하는 여러 가지 테이프를 이용하면 새로운 옷으로 재탄생할 수 있다.

아빠 티셔츠를 아이 옷 한 벌로 리폼

▎치마 만들기▎

2 티셔츠의 목 단추를 중심으로 원하는 폭과 길이를 그린 후 잘라 낸다.

1 아빠 티셔츠이다.

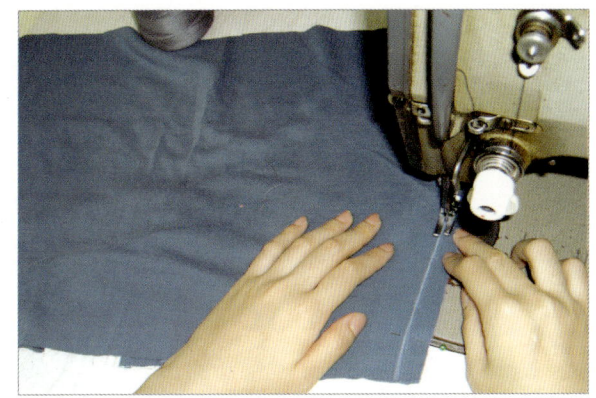

3 치마 양옆을 박음질하고 오버로크 처리한다.

4 허리 부분을 오버로크 처리한다.

5 실고무줄을 이용하여 미리 허리에 주름을 잡아 준다.

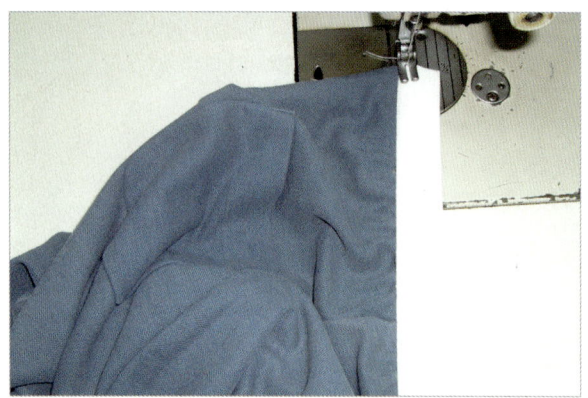

6 5 위에 고무줄을 올려놓고 잡아당기면서 박음질한다.

7 밑단은 오버로크한 다음 스팀 다림질해서 손으로 떠 주면 된다.

▎민소매 만들기 ▎

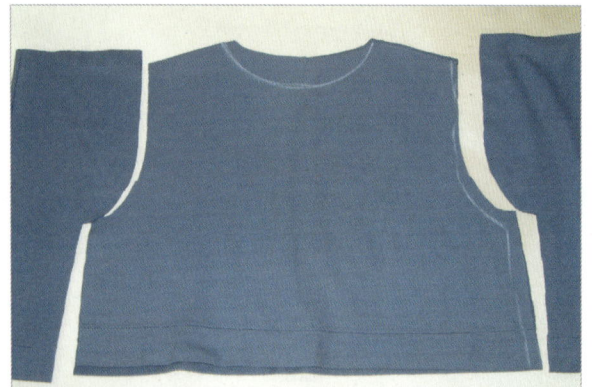

8 치마를 잘라 낸 티셔츠의 밑부분에 민소매의 밑그림을 그린 후 잘라 낸다.

9 어깨와 품에 박을 선을 표시하고 박음질한다.

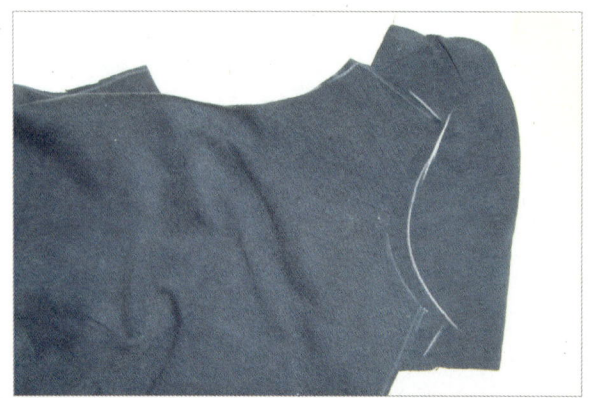

10 진동 부분에 박아 줄 테이프를 3cm 폭으로 만든다.

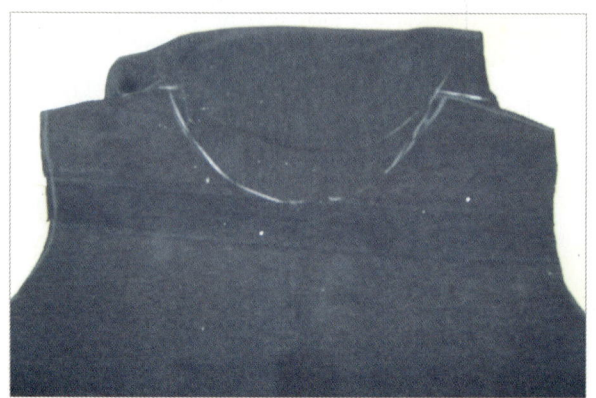

11 목 라인에 박을 테이프를 3cm 폭으로 만든다.

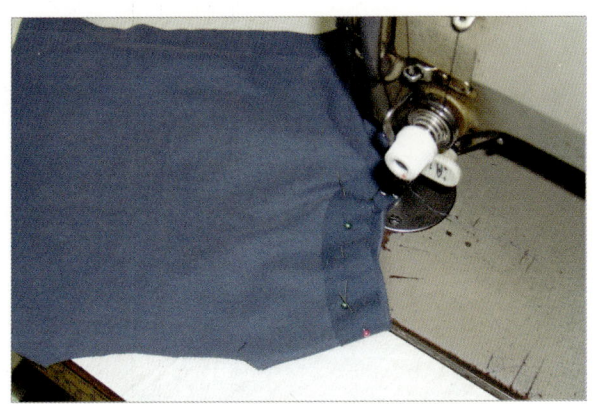

12 몸판 진동과 목에 **10**, **11**을 박음질한다.

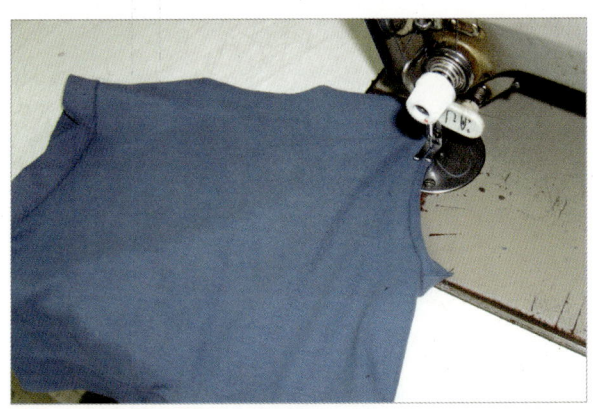

13 **12**를 박음질한 후 위에서 한 번 더 눌러 박음질한다.

14 완성된 아이 옷 한 벌이다.

신사 바지를 아이 반바지로 리폼

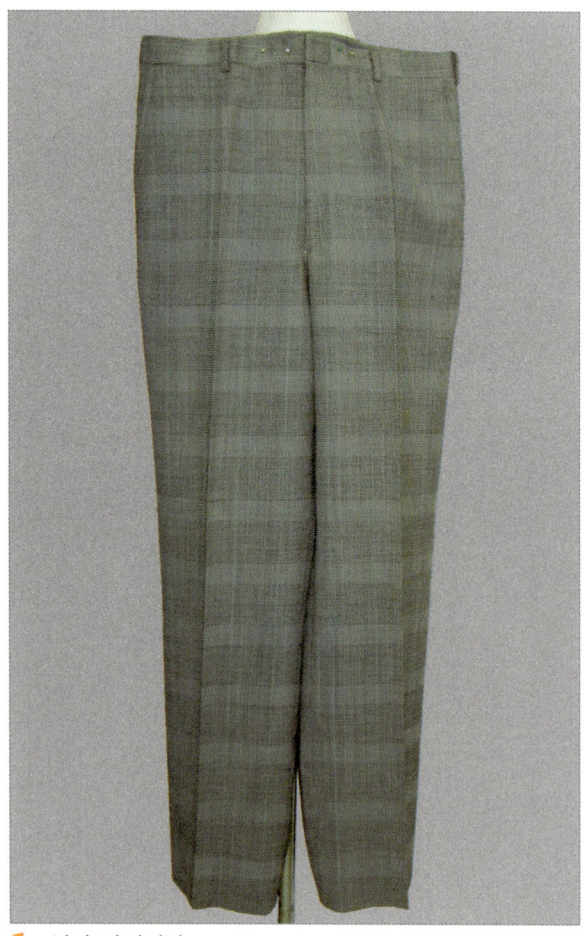

1 신사 바지이다.

2 본을 대고 입고 싶은 길이만큼 그려 위아래를 가위로 자른다.

3 바지통이 너무 크므로 양옆을 잘라 낸다.

4 뒷면 주머니를 제거하기 위해 윗부분을 더 잘라 낸다.

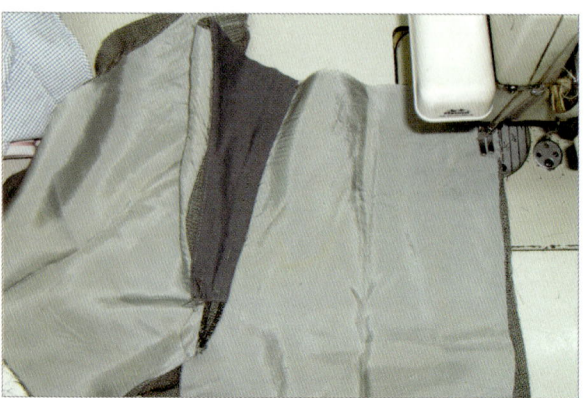

5 마주 보게 하고 양옆을 박음질하고 오버로크 처리한다.

6 다리 가운데 양쪽 가랑이를 박는다.

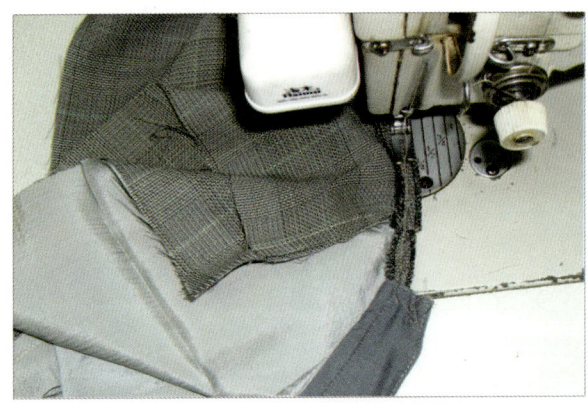

7 가랑이 쪽 앞뒤를 눌러 박음질로 연결한다. 중간 부분이 터지지 않도록 두 번 박는다.

8 허리를 오버로크 처리하고 고무줄을 준비하여 박아 준다. 고무줄 박을 때는 원단과 고무줄이 자연스럽게 주름이 지도록 4등분하여 당기면서 박는다.

9 밑단은 오버로크 처리해서 안쪽으로 접어 다림질한 후 손으로 떠 준다.

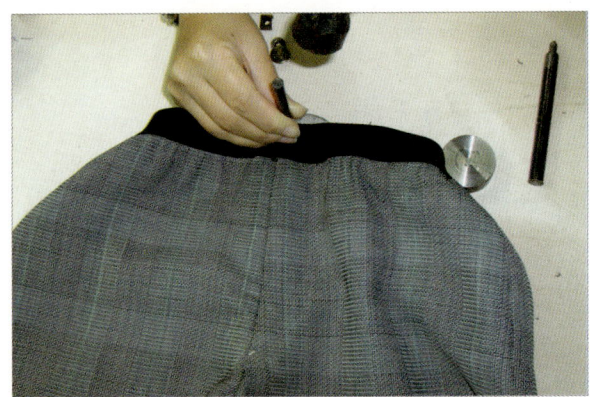

10 허리 앞쪽에 훅을 달아 완성한다.

11 완성된 아이 반바지이다.

신사 바지를 아이 치마로 리폼

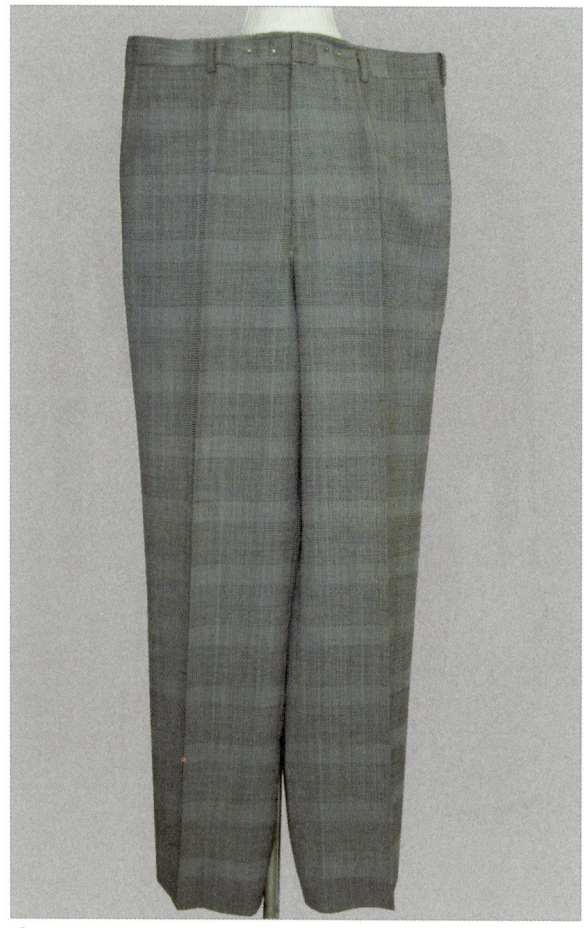

1 신사 바지이다.

2 바지 양옆을 뜯어서 붙여 박음질한다.

3 통을 박음질하기 전에 주름부터 잡는 것이 편리하다.

4 뒷면 지퍼 공간을 남기고 박음질한다.

5 재봉틀을 콘솔 노루발로 바꾼 후 지퍼를 달아 준다.

6 뒷면 지퍼를 달아 놓은 모습이다.

7 허리끈을 만들기 위하여 심지를 붙인다.

8 허리끈을 만들어 놓은 모습이다.

9 허리끈을 치마에 핀으로 꽂아 연결한 후 박음질한다.

10 밑단은 오버로크 처리하고 접어서 스팀 다림질한 후 손으로 떠 준다.

11 완성된 아이 치마이다.

PART 5

바지 리폼

밑위길이가 짧은 청바지를 허리에서 늘리기

1 변경 전 청바지 앞모습이다.

2 변경 전 청바지 뒷모습이다.

3 허리와 양옆을 분리한 모습이다.

4 뒷부분 조각을 분리한 모습이다.

5 뒷부분 조각을 앞판에 놓고 위에서 바느질 자국을 따라 눌러 박음질한다.

6 허리 부분과 옆 트였던 부분을 오버로크 처리한다.

7 뒷부분 분리한 조각 부분에 다른 원단을 원하는 만큼 크게 재단하여 붙여 준다.

8 옆 부분도 폭을 늘리려고 한다.

9 옆과 뒷부분이 다른 원단으로 연결된 모습이다.

10 허리도 새 원단으로 다시 만들어 준다. 이때 연결 부위는 고리로 감싸 주면 좋다.

11 완성된 앞모습이다.

12 완성된 뒷모습이다.

바지 허리 뒤에 고무줄 넣기

1 뒤를 뜯고 고리 부분은 잘 보관한다.

2 양옆 고리 부분을 중심으로 시접을 1cm 남기고 잘라 낸다.

3 고무줄을 준비한다. 고무줄의 탄력성에 따라 허리 고무줄 길이를 설정한다.

4 잘라진 허리 부분을 오버로크 처리한다.

5 허리단 겉면에 고무줄을 부착한다.

6 허리를 감싸 박음질하되 안단 쪽 빨간색 선을 따라 흰색 선까지만 박음질한다.

7 5, 6 작업 후 뒤집은 모습이다.

8 바지의 허리 부분을 오버로크 처리한다.

9 허리 안단은 빨간색 선까지만 박음질되어 있어(**6**) 몸판 허리 부분을 허리단 사이에 끼워 박음질할 수 있다.

10 연결 부위는 고리로 덮어서 마감 처리한다.

11 뒤판에 고무줄을 넣은 완성된 모습이다.

> **tip**
> 고무줄 작업은 몸판 허리 부분을 오버로크 처리하고 위에서 고무줄을 눌러 박음질하는 간단한 방법이지만, 고무줄과 허리단의 연결 부위를 바로 하는 것이 중요하다(**6, 9**).

청바지를 조끼형 원피스로 리폼

1 변경 전 청바지이다.

2 앞판을 분리하고 길이를 정하여 자른다. 뒤판 바지통이 앞 조끼 부분이 된다.

3 종이 패턴대로 자른 모습이다. 조끼의 모양은 자유로이 선택하면 된다.

4 허리 부분을 연결하여 박음질한다.

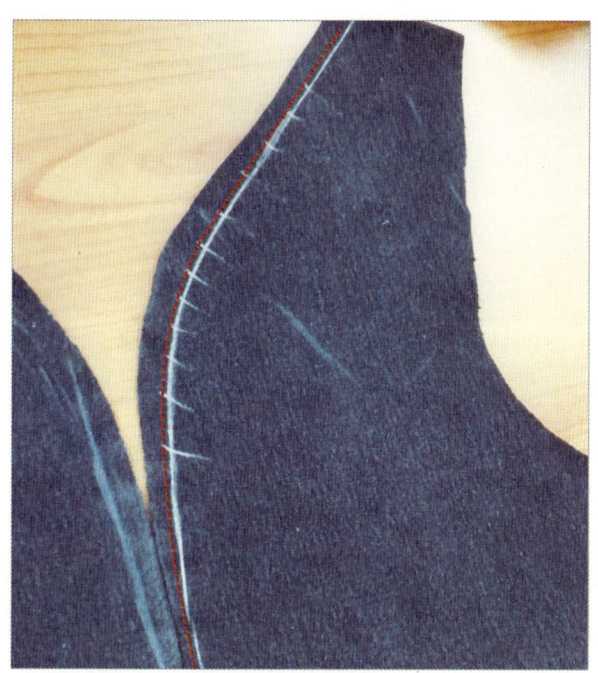

5 가슴 부분 1cm 여유선을 표시한다.

6 셔링을 넣어 자연스러운 볼륨감을 준다.

7 6의 볼륨감에 테이프를 이용한 박음질로 볼륨감에 힘을 준다.

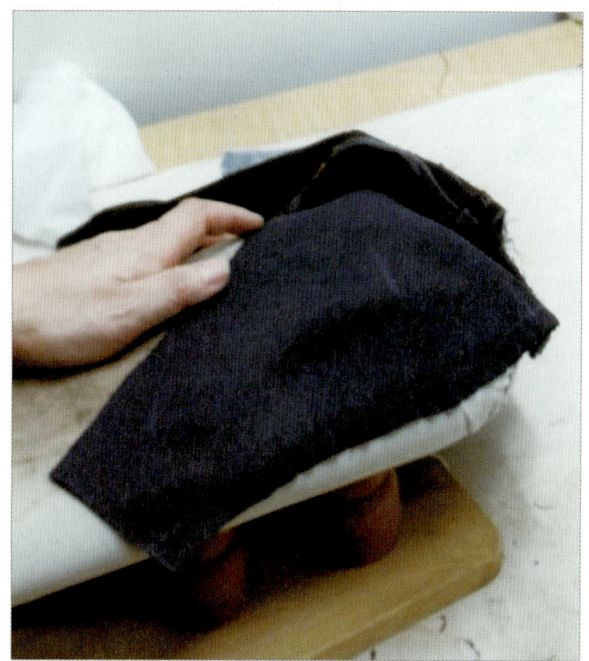

8 모양틀 위에 올려서 형태를 잡아 다림질한다.

바지 리폼

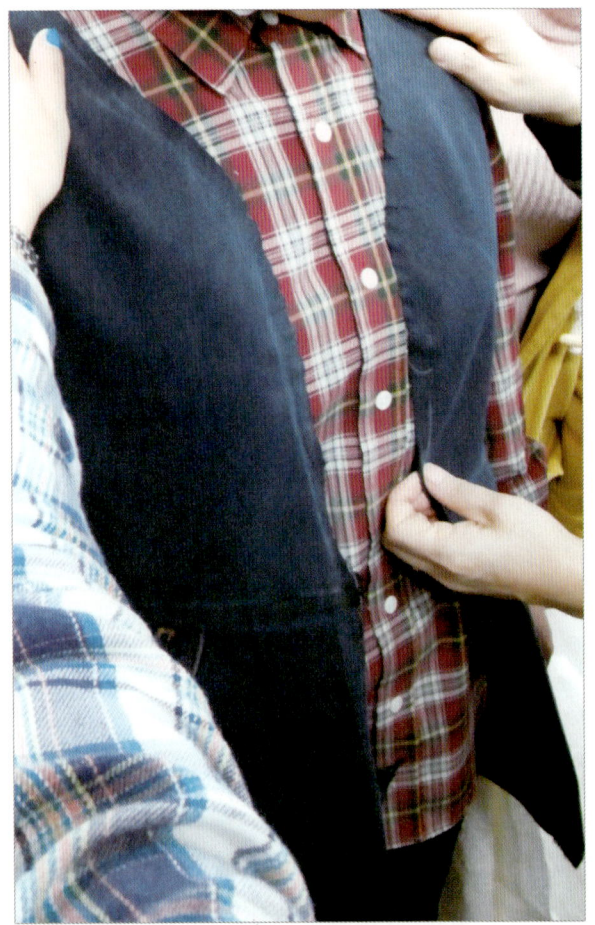

9 착용할 때 들뜨지 않고 주름도 잡히지 않은 볼륨감을 줘야 한다(오른쪽).

10 뒤허리 부분을 뜯어 낸다.

11 뒷면의 허리 부분을 만들어 준다.

12 11을 작업하고 옆면을 이어주면 깔끔하게 된다.

13 뒷부분을 분리하여 자연스럽게 핀으로 고정하고 다림질하여 눌러 박음질한다.

14 바지 힙이 클 경우 빨간색 선과 같이 직선으로 잘라 말아 박음질해도 된다.

15 빨간색 선을 직선으로 눌러 박음질하고, 흰색처럼 풀어줘도 좋다.

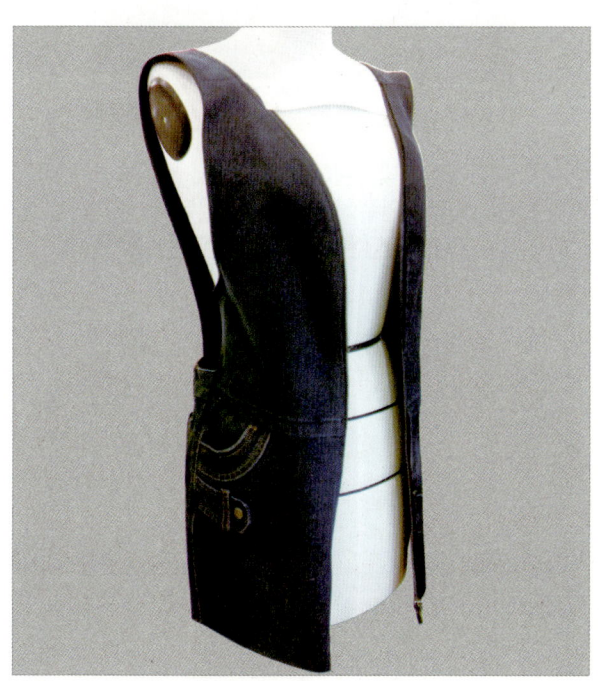

16 완성된 앞부분이다.

17 뒤 끈은 바지통 나머지 원단을 이어서 길게 처리했다.

청바지를 치마로 리폼

1 변경할 청바지이다.

2 지퍼를 중심으로 최대한 짧게 자른다.

3 주머니는 살리고 뒷부분도 짧게 자른다.

4 주머니를 들고 박음질하면 겉면에서 빨간색만 보이고 흰색은 주머니 안쪽에 박음질 된다(뒤판). 주머니는 눌러 박음질하고 밑단은 바지 옆 솔기 쪽을 이용한다.

5 다른 원단을 사용하여 다양하게 연출할 수 있다.

6 주머니를 없애고 허리에 직접 박음질해도 된다(뒤판).

7 앞판 잘라 낸 모습이다. 아랫부분은 풀어주는 것이 좋다.

8 흰색 선은 풀어낸 모습이며, 빨간색 선은 위에서 눌러 박음질한 선이다(앞판).

9 치마 부분은 주름을 잡아 박음질하여 오버로크 처리하고 청바지 위에서 빨간색 선 부분을 눌러 박음질하면 된다.

10 바이어스 재단하여 오버로크 처리하고 눌러 박음질하면 플레어스커트도 가능하다.

11 어떤 원단이든지 색상과 디자인을 다양하게 활용할 수 있다.

청바지 앞판을 짧게 자를 때 지퍼 부분이 짧은 것을 사용하는 것이 좋다. 허리바지보다는 골반바지로 리폼하는 것이 좋다.

힙합 청바지를 청치마로 리폼

1 힙합 청바지이다.

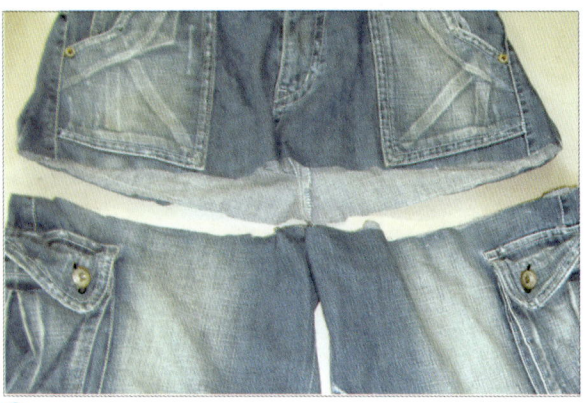

2 힙합 청반바지를 펼쳐 놓고 원하는 길이만큼 자른다(힙합 청반바지 하단 부분 이용).

3 청바지의 통을 모두 뜯어 낸 후 뒷면은 합쳐서 박음질하고 오버로크 처리한다.

4 앞면은 지퍼를 안에서 한 번 박음질하고 겉에서 한 번 더 눌러 박아 준다.

5 허리 부분이 너무 크므로 다트를 넣어 준다.

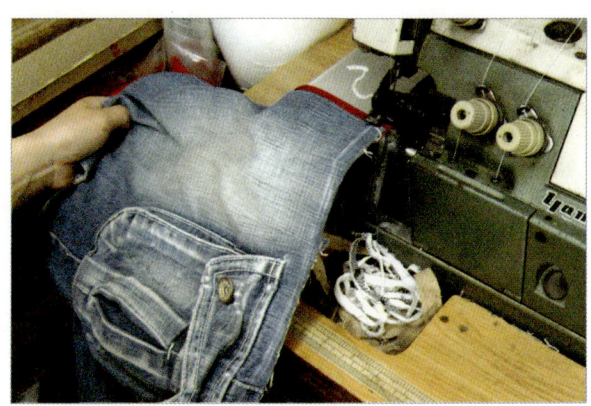

6 허리 부분을 오버로크 처리한다.

7 원하는 사이즈의 고무줄을 선택하여 잡아당기면서 박음질하고 훅을 달거나 단추를 달아 완성한다.

8 완성된 청치마이다.

청치마를 만들 때는 가능한 한 밑단을 그대로 살려서 하는 것이 자연스럽고 멋스럽다.

청바지를 청치마로 리폼

1 변경 전 청바지이다.

2 청바지의 가랑이와 앞뒤를 뜯어 낸다.

3 청바지의 앞 지퍼 아랫부분을 뜯어 내고 흰색 선을 긋는다.

4 1cm 정도 자르고 흰색 선 부분을 다리미로 접는다(앞부분의 자연스러움을 위해서).

5 완성된 4에 핀을 꽂고 지퍼를 박아 준다.

6 지퍼의 윗부분을 덮고 핀을 꽂고 위에서 선을 따라 박는다.

7 안쪽의 남는 부분은 잘라 내고 오버로크 처리한다.

8 뒤쪽도 힙 사이즈에 맞추어 핀을 꽂고 선을 따라 박음질한다.

9 다 만들어지면 원하는 길이로 자른다. 길이를 길게 하려면 앞부분과 뒷부분에 원단을 넣고 위에서 눌러 박으면 된다.

10 밑단은 오버로크 처리해서 접어 박음질한다.

11 완성된 청치마이다.

청바지를 주름치마로 리폼

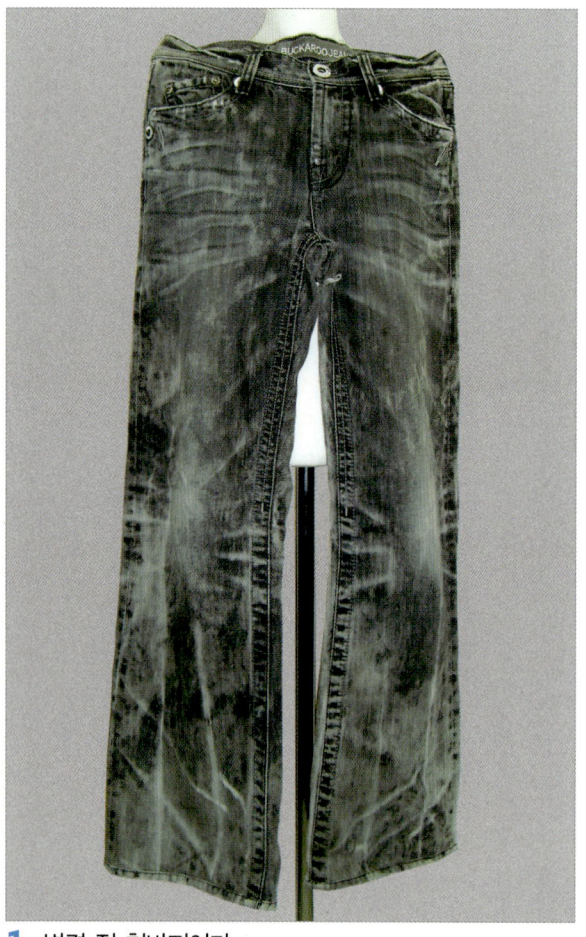

1 변경 전 청바지이다.

2 바지를 펼쳐 놓고 원하는 길이만큼 자른 뒤 앞뒤와 가랑이를 뜯어 준다.

3 지퍼를 뜯어 낸 후 앞부분에 파란색 선을 긋는다(앞부분의 자연스러움을 위해서).

4 파란색 선 부분을 접어 지퍼 위에서 핀으로 고정하고 박음질한다.

5 힙이 클 때는 뒷면에 곡선자를 대고 일자로 그어 사이즈를 줄여 준다.

6 힙을 일자로 박음질한 모습이며, 허리는 윗부분을 1~2 cm 정도 잘라 내야 한다.

7 허리는 1~2 cm 줄이고 핀을 꽂은 후 위에서 눌러 박음질한다.

8 치마 윗부분이 완성된 모습이다. 이곳에 주름을 박음질 하려고 한다.

9 같은 바지의 통을 잘라서 연결하여 치마의 주름을 만든다.

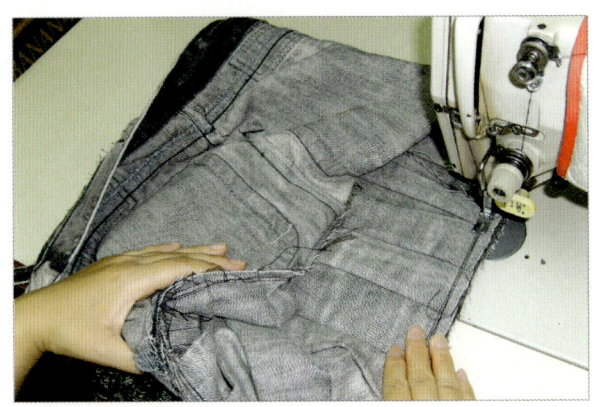

10 완성된 치마 위에 주름을 놓고 박음질한 후 오버로크 처리하고 위에서 한 번 더 박는다.

11 완성된 주름치마이다.

청바지 허리 품 늘리기

1 허리와 힙을 분리한다.

2 색상은 다양하게 사용할 수 있다. 원단을 밀어 넣는다.

3 다른 한쪽도 밀어 넣고 녹는 심지나 접착심지로 고정시킨다.

4 빨간색 표시선을 따라 위에서 눌러 박음질하고 오버로크 처리한다.

5 허리 부분 늘어난 것은 뒷면에서 연결한다.

6 완성된 모습이다.

청바지 허리 한 단 높이기

1 밑위길이가 짧은 청바지이다.

2 허리와 고리 부분을 분리한다.

3 삽입할 원단에 심지를 부착한다.

4 바지 허리에 맞추어 박음질 부위는 오버로크 처리하고 다트를 잡아 허리가 들뜨지 않게 한다.

5 허리 부분을 끼워 박음질하면 완성이다.

6 색상에 따라 다양한 느낌을 얻을 수 있다.

바지 리폼 101

PART 6

티셔츠 리폼

라운드 티를 터들 티로 리폼

1 변경 전 라운드 티이다.

2 소매 뒤쪽은 남겨 두고 앞판만 분리한다.

3 새 원단을 아래에 놓는다. 빨간색 선은 두 겹이며 화살표 선은 여유분으로 늘어질 분량이다.

4 모양대로 핀으로 고정하고 잘라 낸다. 빨간색 선은 여유분이 늘어질 분량이다.

5 핀으로 고정하고 어깨를 박음질하여 울거나 흩어지는 것을 방지한다.

6 앞판 재단된 뒷모습이며 빨간색 선은 어깨 부분으로 박음질하면 목에 터들이 생긴다.

7 양쪽 겨드랑이 부분을 오버로크 처리한다.

8 뒤판 어깨와 앞판 어깨를 핀으로 고정하고 박음질하여 오버로크 처리한다.

9 앞 부분 뜯어 낸 팔을 다시 붙여 준다.

10 옆구리 앞뒤판을 박음질한다.

11 길이를 마무리한다.

12 완성된 터들 티이다. 다양한 원단과 디자인을 이용할 수 있다.

목 폴라티 집업 만들기

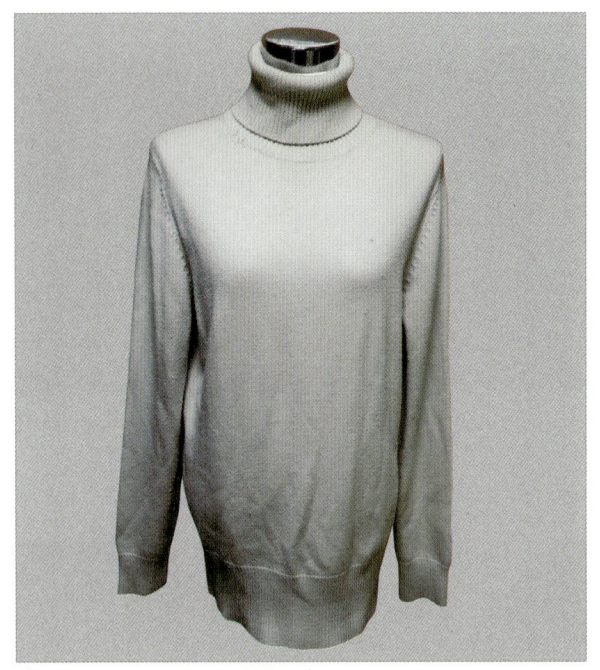

1 변경 전 목 폴라티이다.

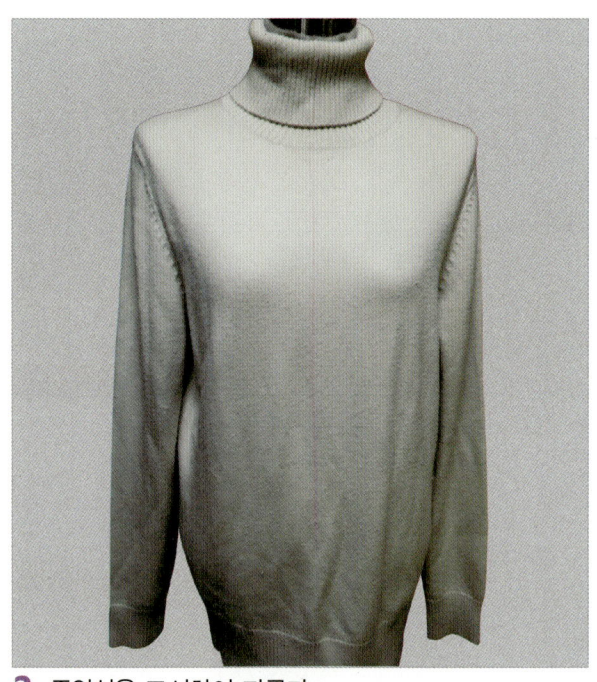

2 중앙선을 표시하여 자른다.

3 잘라 낸 모습이다.

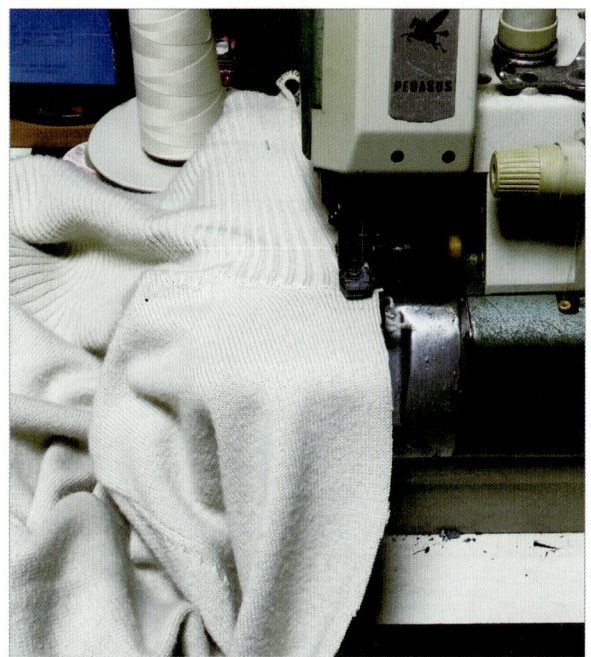

4 잘라 낸 부위를 같은 색으로 오버로크 처리한다.

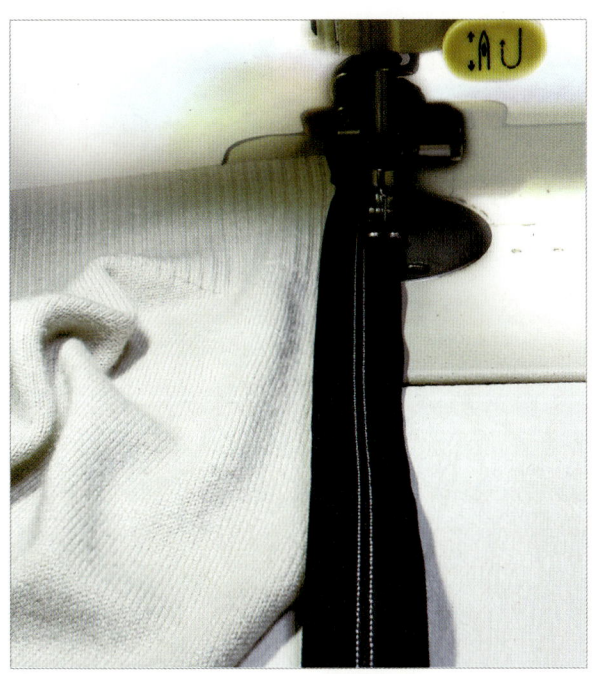

5 지퍼를 부착할 때는 옷의 겉면과 지퍼의 겉면이 같은 곳을 향해야 하고 늘어나지 않도록 원단에 여유를 주고 박음질한다.

6 목 부분에 박음질된 지퍼 모양이다. 지퍼를 박음질할 때 원단이 지퍼 밖으로 나오면 안 된다.

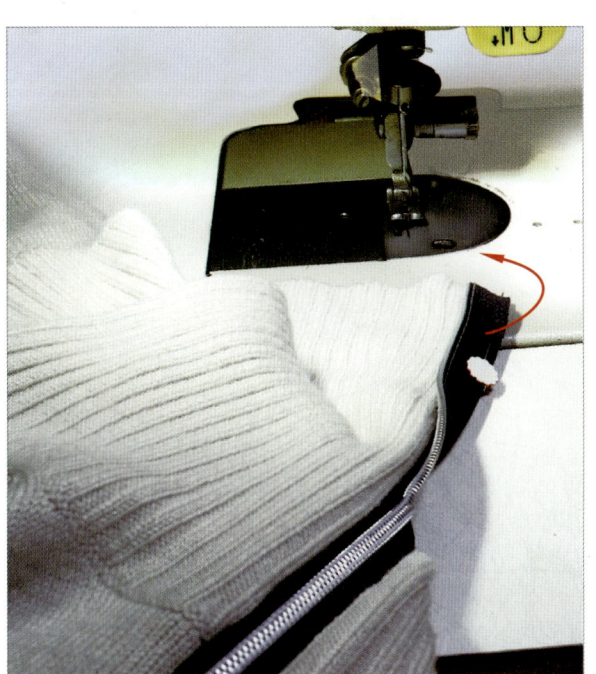

7 지퍼의 끝부분을 접어서 핀으로 고정하고 화살표 방향으로 돌려 겉면 위에서 눌러 박음질하면 끝부분이 깔끔하다.

8 좌우 완성된 겉모습이다.

티셔츠 리폼 **107**

9 녹색으로 표시된 부분이 **7** 작업의 지퍼가 안쪽으로 접혀진 부분이다.

10 빨간색, 검은색 부위는 색상을 다르게 박음질하는 것도 좋다.

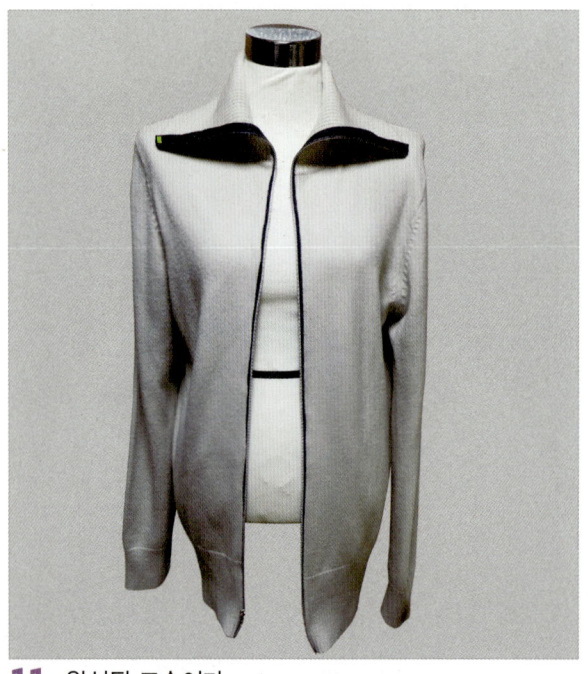

11 완성된 모습이다.

목 사이즈가 많이 늘어날수록 집업을 만들기에 유리하며, 팔길이를 짧게 줄이는 경우는 이것으로 포켓형 주머니를 만들어도 된다.

목 폴라티 지퍼달기

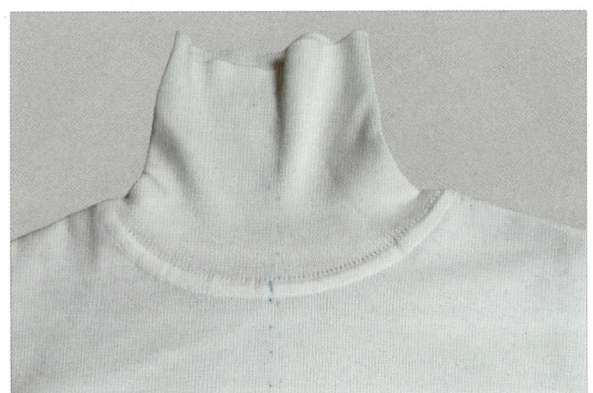

1 입기 불편한 목 폴라티이다.

2 중앙을 자르고 지퍼 길이는 자유롭게 하면 된다.

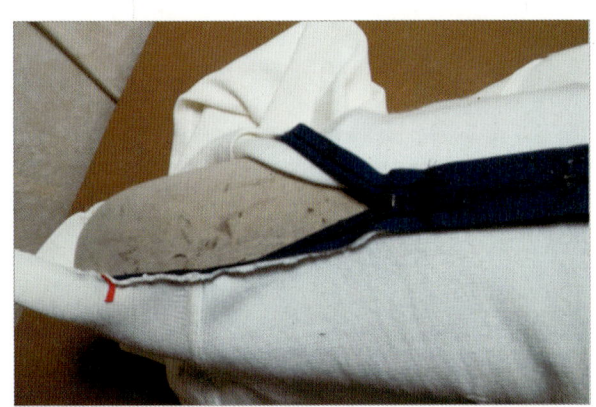

3 빨간색 표시 부분이 목길이의 중간이다. 여기에 맞춰 지퍼를 부착한다.

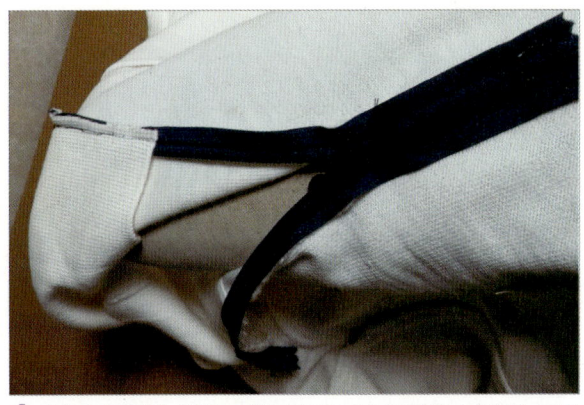

4 남겨 두었던 위쪽 절반 부분으로 지퍼를 감싸서 눌러 박음질한다.

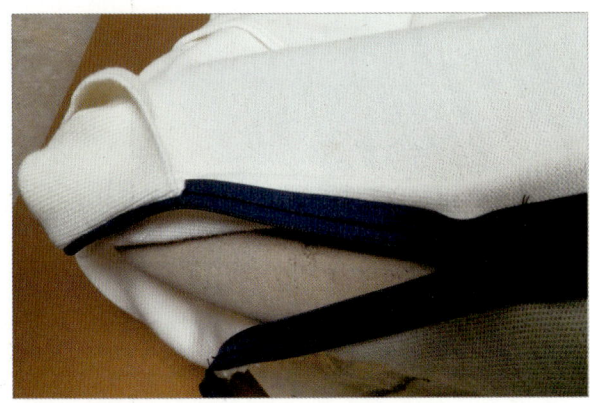

5 4 부분을 박음질하여 뒤집은 모습이다.

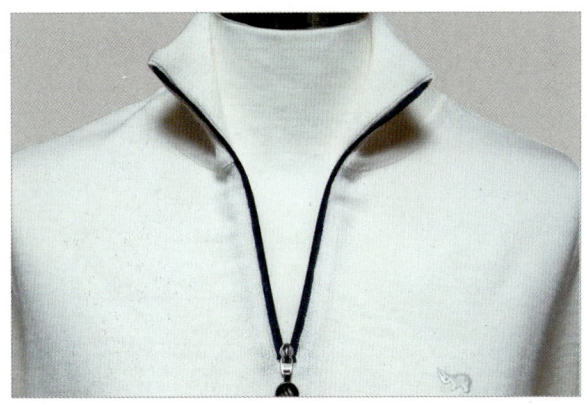

6 목 뒷부분은 손으로 중간중간 떠서 뜨지 않도록 하거나 눌러 박음질하면 된다.

목 폴라티를 칼라 티로 리폼

1 변경 전 목 폴라티이다.

2 흰색 선 부분을 오므려 늘어지지 않게 시침바느질을 한다.

3 박음질선 끝부분을 잘라 낸다.

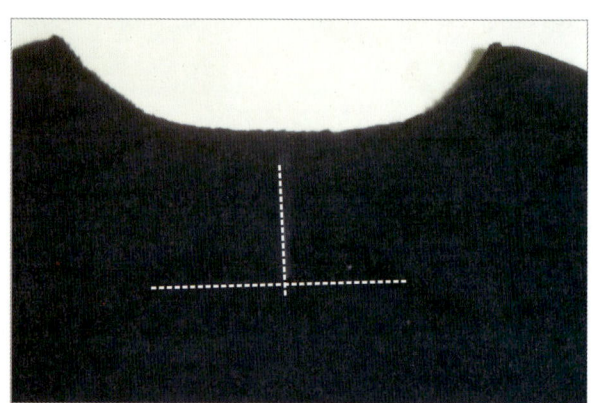

4 완성선에서 14 cm 앞부분에 중앙선을 그린다.

5 14 cm 부분을 뒤집어 늘어나지 않게 심지를 붙여 준다. 작업 후에 보이는 것은 잘라 낸다.

6 아래 표시선까지 자른다.

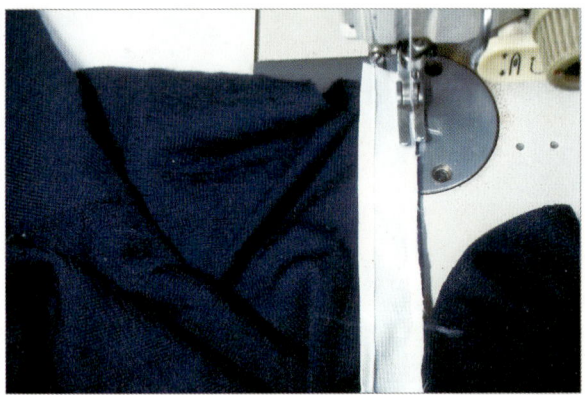

7 4 cm 원단에 심지를 붙이고 0.5 cm 다림질하고 반대편 0.5 cm는 박음질한다.

8 7 작업 후 0.3 cm 정도를 남기고 뒤로 꺾어 다림질한다.

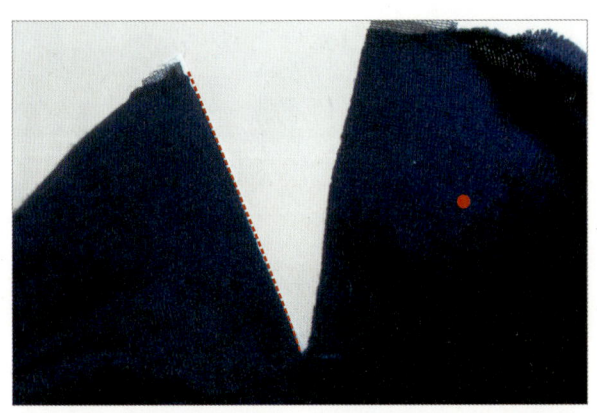

9 접어서 완성된 겉모습이다. 빨간색 표시 부분 옆에 **8**의 0.3 cm 흰색 선이 보인다.

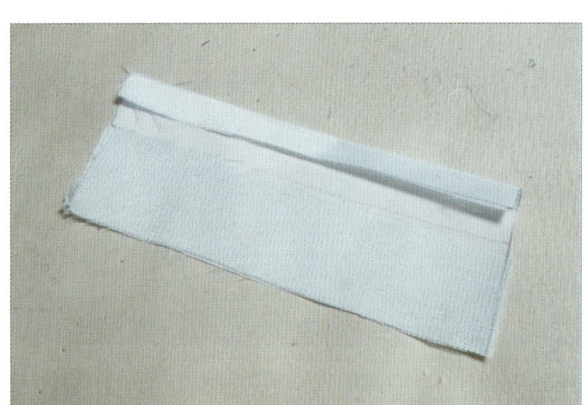

10 6 cm 원단에 심지를 붙이고 0.5 cm 안쪽으로 접는다.

11 0.5 cm씩 꺾어 반으로 다림질한다.

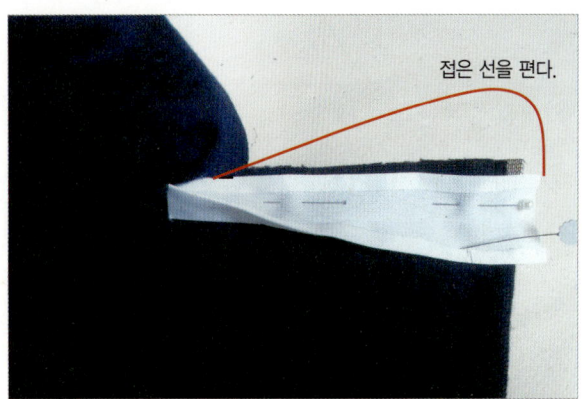

12 0.5 cm 접은 선을 펴고 0.5 cm 접은 선을 박음질한다.

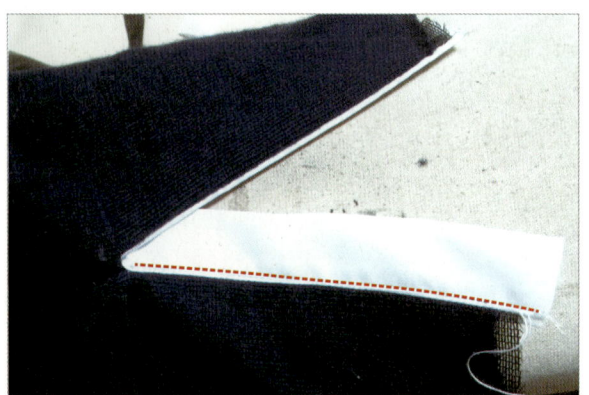

13 12 안쪽에서 박음질된 것을 위에서 눌러 박음질한다.

14 13, 14는 모두 완성 후에 같은 색 실로 눌러 박음질한다.

15 앞트임이 완성된 모습이다.

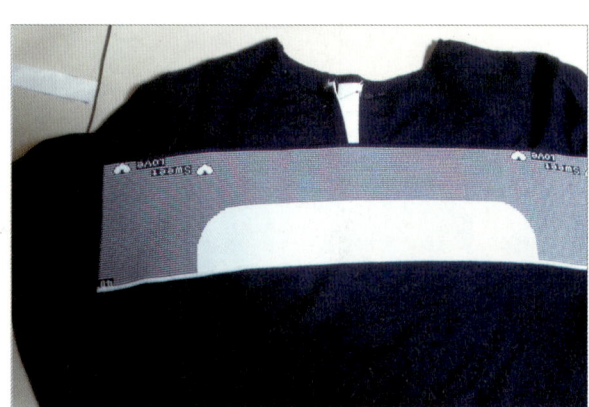

16 목에 칼라를 붙이려고 한다. 칼라 넓이는 정해져 있지만 폭은 알아서 정하면 된다.

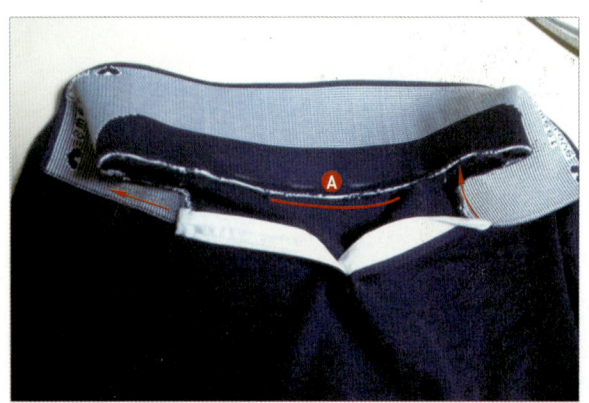

17 양쪽 끝을 먼저 맞추고 나머지 부분을 맞출 때 몸판이 모자라면 2에서 오므렸던 Ⓐ 부분을 손으로 톡톡 끊어 주면 된다.

18 목 부분은 이음선을 잘라서 다리미로 쭉 펴 준다.

19 풀리지 않은 끝부분을 1.6 cm 정도 잘라 목 부분 마무리 작업으로 쓴다.

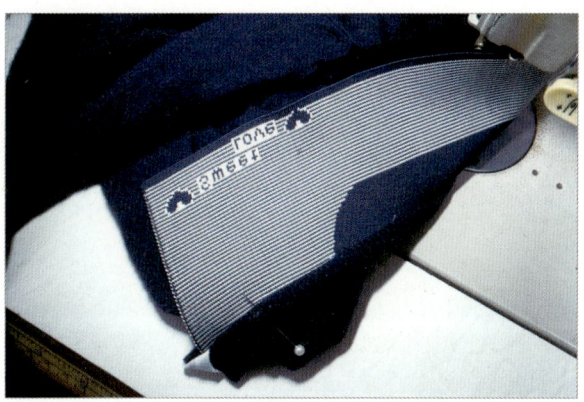

20 칼라와 목 부분의 이음선을 **19**에서 만든 것으로 박음질하고 사진과 같이 감싸 준다.

21 **20**을 핀으로 고정하고 겉감 쪽에서 박음질하면 더 깔끔하게 완성된다.

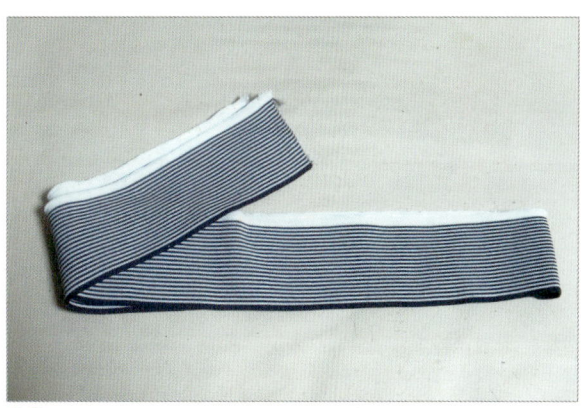

22 밑단 조르개도 칼라와 함께 교체하려고 한다.

23 밑단을 잘라 내고 준비된 조르개를 허리 사이즈에 맞추어 1 cm 시접으로 박음질하고 오버록 처리하면 된다.

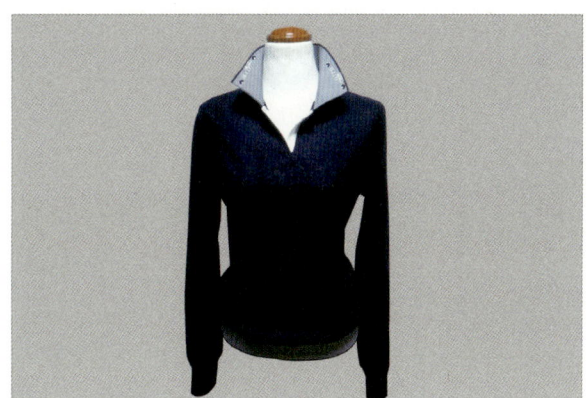

24 완성된 칼라 티이다.

목 폴라티를 라운드 티로 리폼

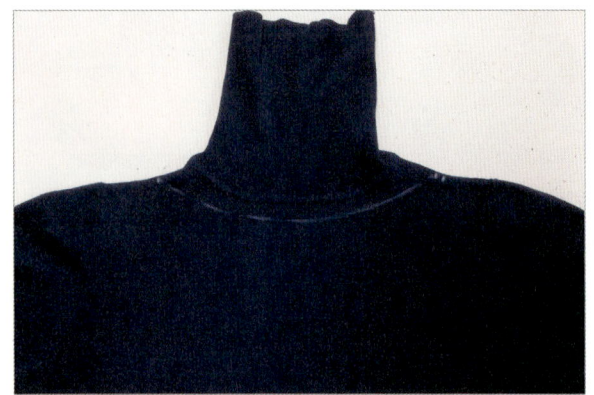

1 변경 전 목 폴라티에 원하는 표시를 한다.

2 표시된 모양으로 잘라 낸다.

3 동그란 목을 펴서 4 cm 정도로 2장을 만들어 준다.

4 한쪽 끝을 오버로크 처리한다.

5 오버로크 처리한 것을 서로 이어주고 가름솔 다림질 한다.

6 목 부분이 늘어나지 않도록 0.5 cm 직선심지를 박음질 한 모습이다(조금씩 심지를 당겨서 박음질함).

7 4 cm 준비했던 것을 늘어나지 않게 박음질한다.

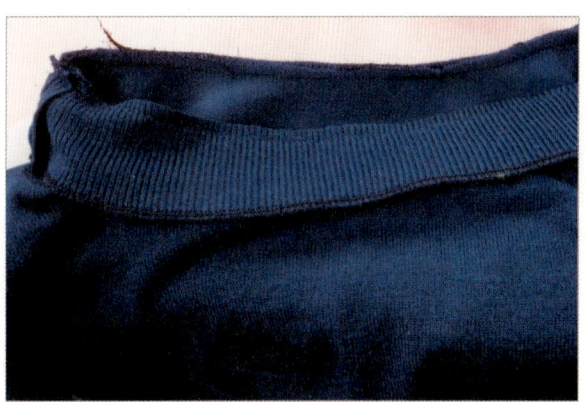

8 박음질된 모습이다. 시접을 0.6 cm 정도 남겨 둔다.

9 목 라인 박음질한 것을 겉으로 뒤집은 모습이다.

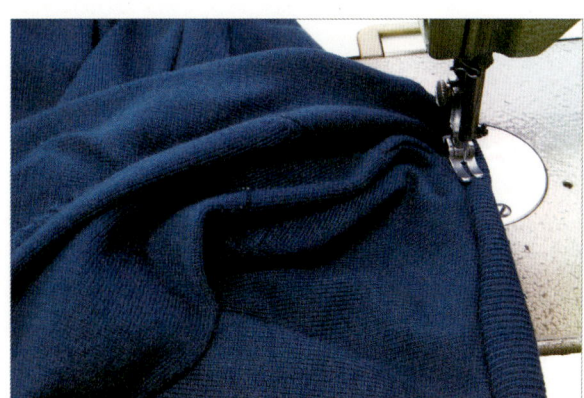

10 시접을 위쪽으로 올려 감싸서 박음질한다.

11 감싸서 박음질된 것을 다림질로 마무리한다.

12 완성된 모습이다. 옆에 단추를 달아 또다른 멋스러움을 나타냈다.

품이 적은 티셔츠를 허리 라인이 크게 리폼

1 품이 적은 티셔츠이다.

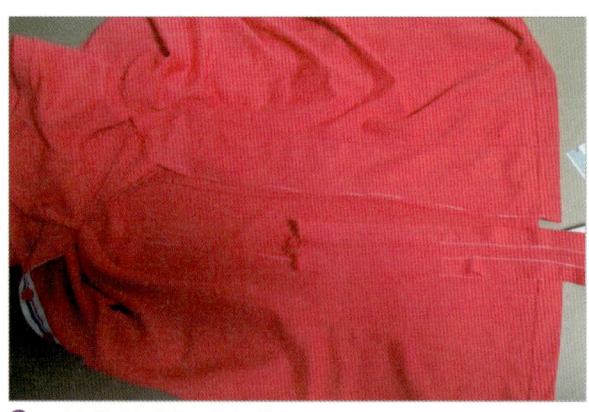

2 필요한 분량을 잘라 낸다.

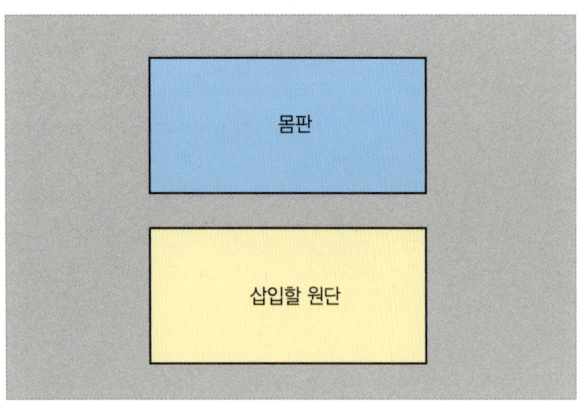

3 종이로 삽입하는 과정을 설명하려고 한다.

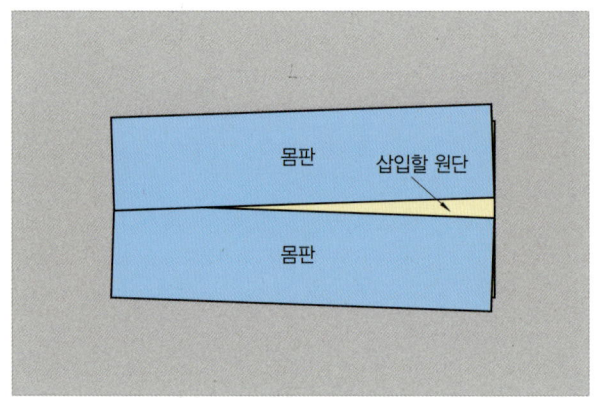

4 겨드랑이 부분을 이와 같이 삽입하면 늘어난 모습이 예쁘지 않다.

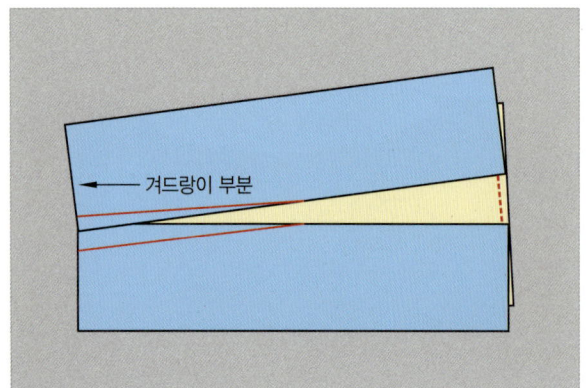

5 몸판 겨드랑이 부분을 그림과 같이 넓이가 같도록 잘라 내는 것이 좋다.

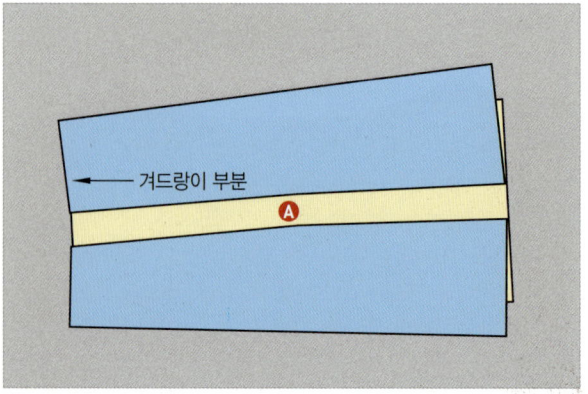

6 Ⓐ 표시된 부분은 5 작업으로 넓이가 같아진 것이다.

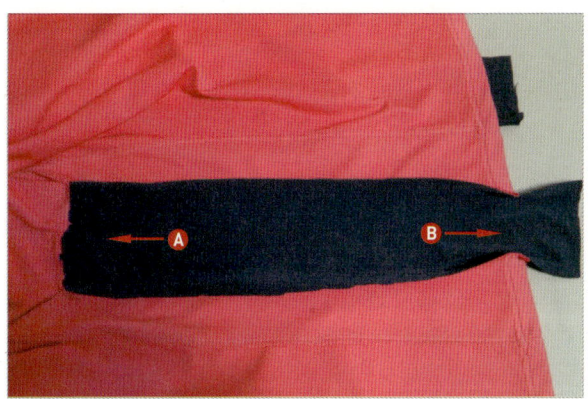

7 Ⓐ 부분이 겨드랑이 쪽으로, Ⓑ는 시접을 여유롭게 남겨 놓는다.

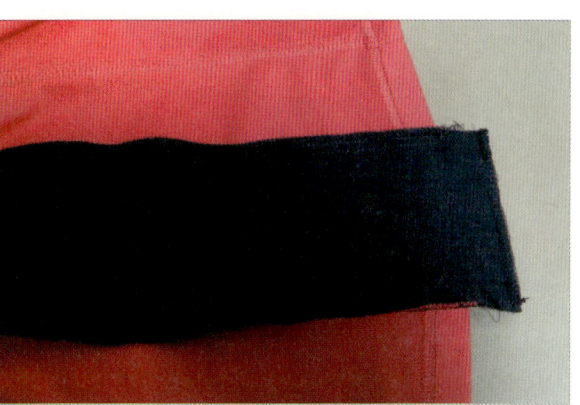

8 좌우 박음질하고 오버로크 처리한다.

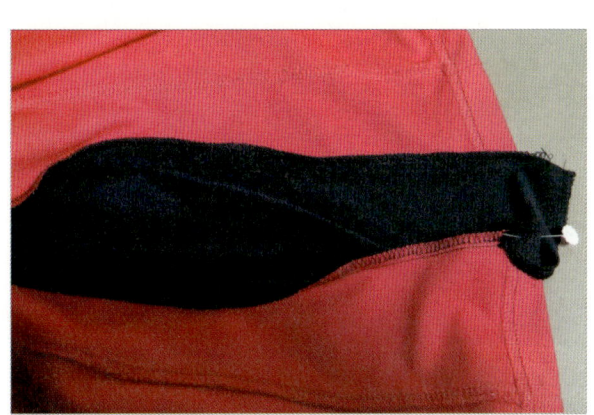

9 아래 오버로크 부분을 감싸서 박음질해야 끝부분이 깔끔하다.

11 완성된 모습이다.

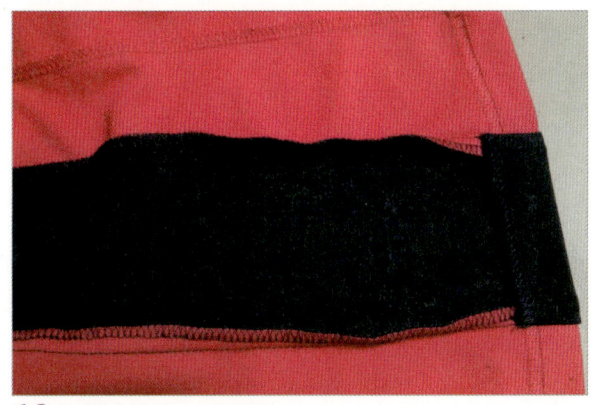

10 9를 작업한 모습이다.

이 방법은 품을 늘릴 때와 입체 효과로 날씬하게 보이게 하기 위하여 다른 원단을 삽입할 때도 사용한다.

티셔츠를 어린이 레깅스로 리폼

1 변경 전 티셔츠이다.

2 팔을 잘라 낸다.

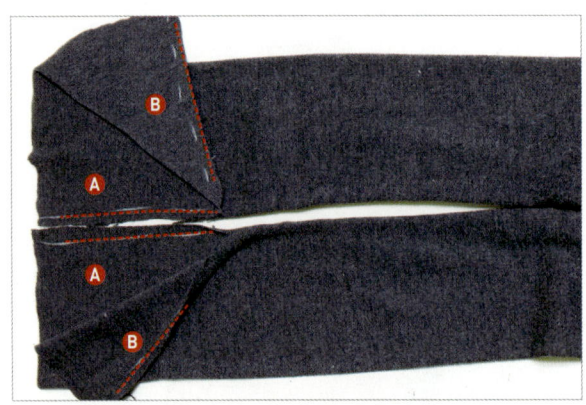

3 잘라 낸 팔을 넉넉히 뜯어 ④와 ⑤를 안쪽에서 연결하여 박음질하고 오버로크 처리한다.

4 3이 완성된 안쪽 모습이다.

5 완성된 겉모습이다.

6 몸판을 필요한 길이만큼 잘라 낸다.

7 셔츠의 길이가 길어서 몸판 윗부분을 사용하려고 한다.

8 양옆 1cm 여유분을 남기고 박음질한다. 길이와 함께 오버로크 처리하고 길이는 손바느질 또는 박음질로 마무리한다.

9 바지에 치마를 끼워넣고 합쳐 박음질하고 오버로크 처리한다.

10 적당한 넓이의 고무줄을 넣고 말아 박음질한다. 이때 고무줄이 박히지 않는 것이 자연스런 주름이 된다.

11 완성된 모습이다.

12 남은 원단을 사용하여 고무줄치마를 만들어도 좋다.

티셔츠를 원피스로 리폼

1 변경 전 반팔 티셔츠이다.

2 팔은 남겨둔 상태로 등판만 뜯어 낸 뒷 모습이다.

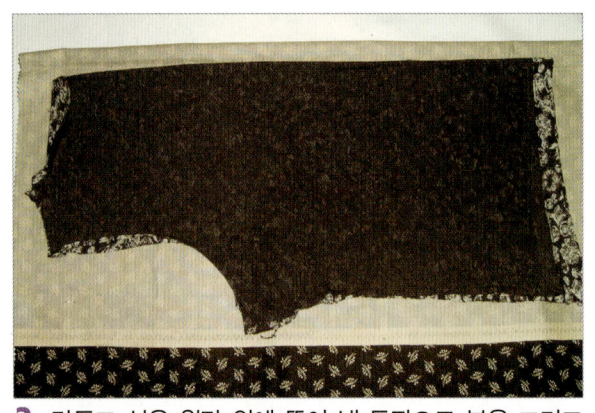

3 만들고 싶은 원단 위에 뜯어 낸 등판으로 본을 그리고 길이는 자유롭게 한다.

4 빨간색 선은 앞판 봉제선, 검은색 선은 셔츠의 총길이이다. 뒤판을 잘라 앞판 아래에 놓고 빨간색 선을 따라 위에서 눌러 박음질하면 된다.

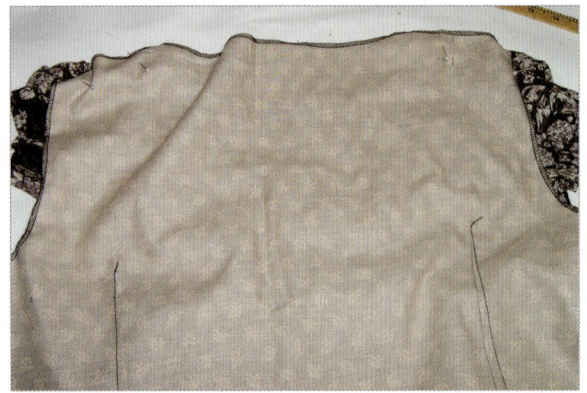

5 재단된 등판 원단을 원래 모양대로 삽입하여 박음질한다.

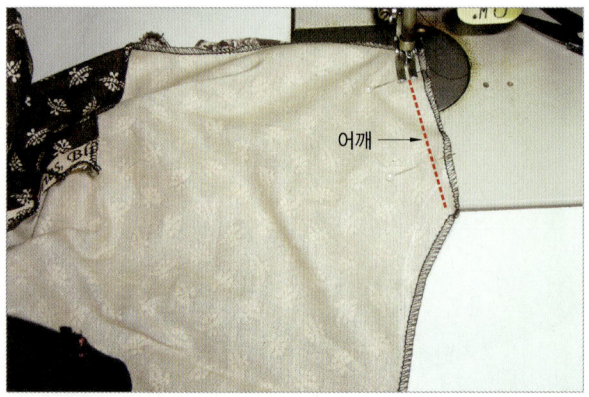

6 어깨와 양옆을 박음질하고 허리는 스타일에 따라 라인을 넣든지 박스로 만들면 된다.

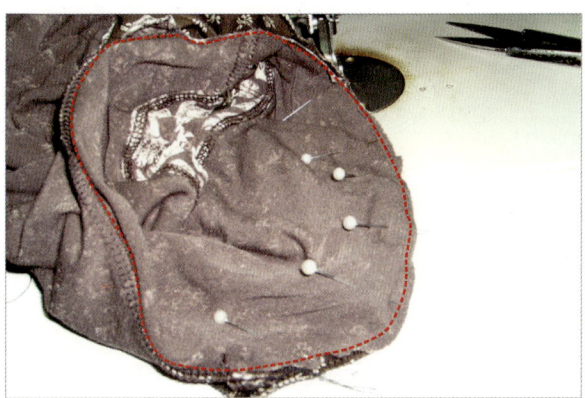

7 소매는 둘레를 핀으로 고정하여 박음질할 때 팔과 몸판이 맞지 않을 수도 있다. 이때는 겨드랑이 부분에서 팔 또는 몸판을 줄이거나 늘리면 된다.

8 양옆을 박음질할 때 허리 부분에 셔링이나 주름을 줘 또다른 멋을 창조할 수도 있다. 박음질 후 모두 오버로크 처리한다.

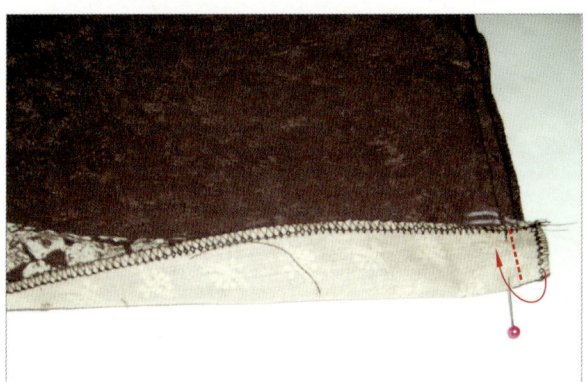

9 길이 끝부분을 뒤판으로 감싸서 박음질하면 끝부분이 깨끗하게 정리된다.

10 9 작업이 완성된 모습이다. 길이는 손뜨기로 처리하면 된다.

11 완성된 원피스의 뒷모습과 앞모습이다.

티셔츠 리폼

티셔츠에 조르개 넣기

1 변경 전 티셔츠이다.

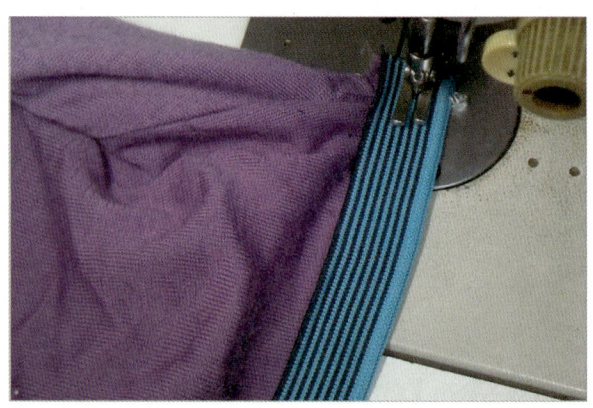

2 원하는 목 사이즈를 잘라 내고 늘어지지 않도록 끝부분을 박음질하고 조르개를 붙여 오버로크 처리한다.

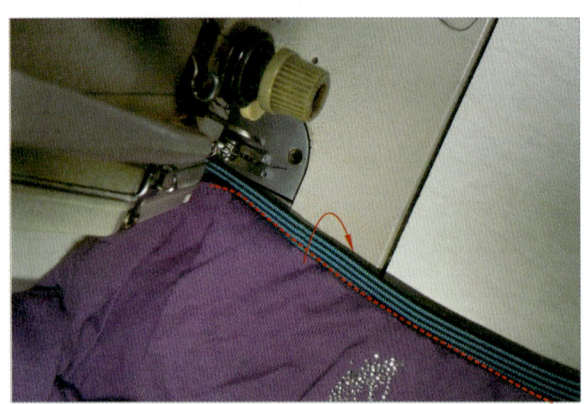

3 화살표 방향으로 넘겨 같은 색 실로 끝부분을 박음질한다. 칼라의 높이는 자유롭게 조정한다.

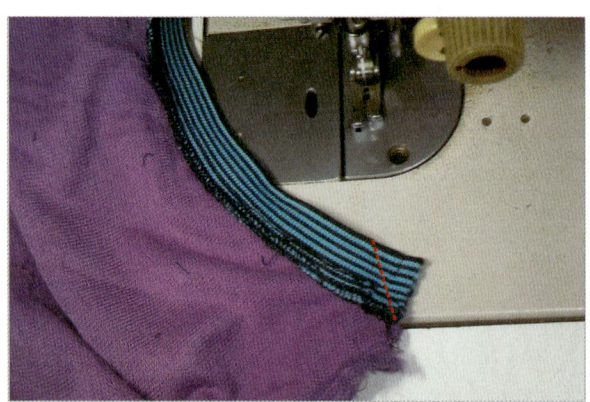

4 목 둘레의 끝부분은 사선으로 마감처리해야 목 라인이 들뜨지 않는다. 작업 후 오버로크 처리한다.

5 4 부분 끝이 들뜨지 않도록 위에서 눌러 박음질한다.

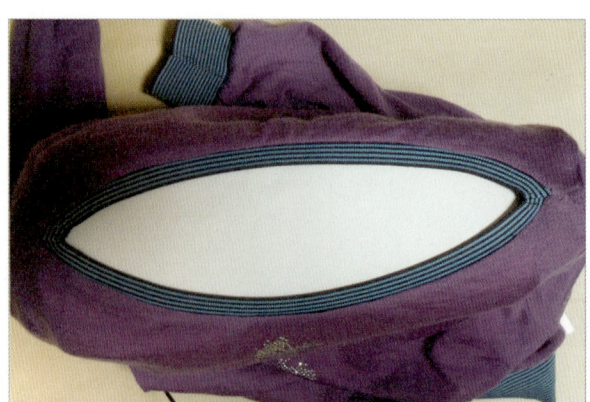

6 목 부분이 완성된 모습이다.

7 잘라 낸 부분에 맞추어 조르개를 자른다. 조르개의 길이는 탄력성에 따라 다르다.

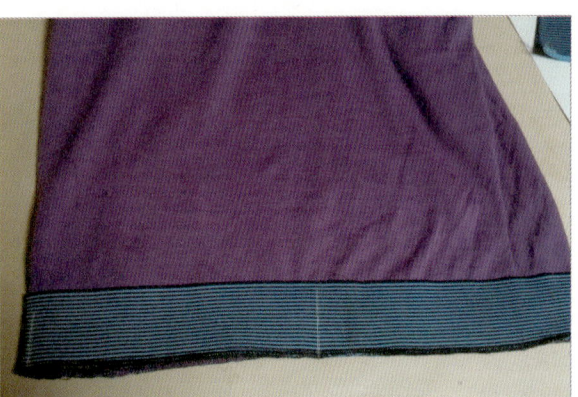

8 몸판과 조르개를 각각 4등분하여 서로 등분에 맞추어 박음질하고 오버로크 처리한다.

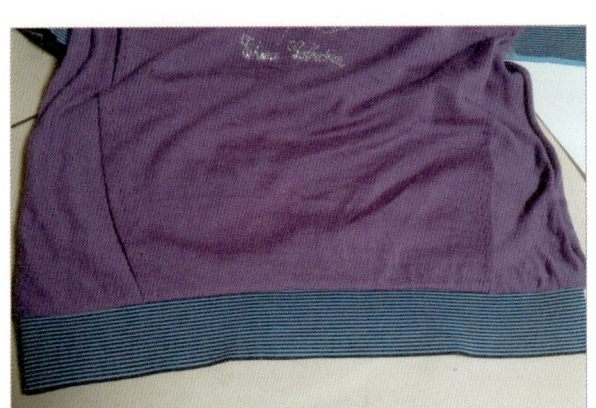

9 8을 박음질하여 뒤집은 모습이다.

10 팔목 부분도 길이와 같은 방법으로 처리한다.

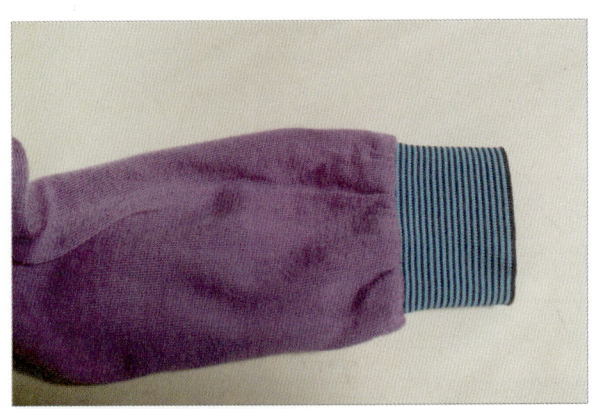

11 팔목이 완성된 모습이다.

12 조르개를 넣어 완성된 모습이다.

남자 티셔츠를 여자 티셔츠로 리폼

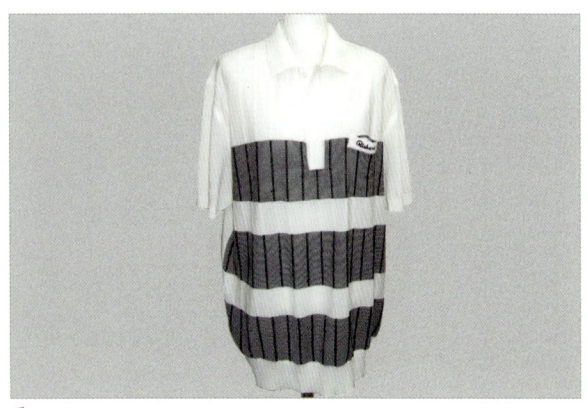

1 변경 전 남자 티셔츠이다.

2 티셔츠 위에 입고 싶은 옷의 본을 올려 놓고 밑그림을 그린 후 모양대로 잘라 낸다.

3 모양대로 잘라 낸 후 남아 있는 주머니 부분을 잘라 낸다.

4 칼라를 잘라 내서 풀어지지 않은 부분을 위에다 놓고 눌러 박아 준다.

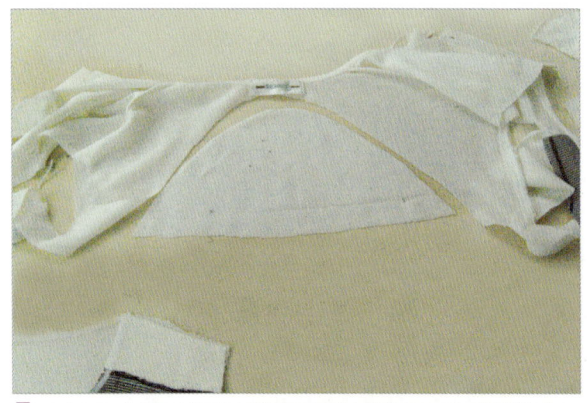

5 자르고 남은 나머지 원단에 캡소매를 그려 재단한다.

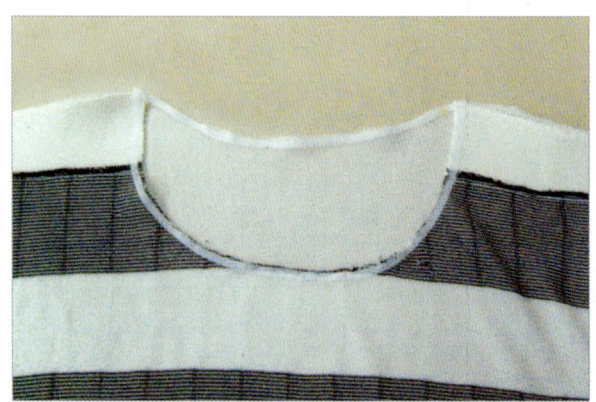

6 목이 늘어나지 않도록 0.5 cm 테이프를 붙여 준다.

7 소매 밑단을 먼저 박고, 캡소매를 몸판에 박음질한 후 오버로크 처리한다.

8 소매의 끝부분을 잘라 내서 목선에 박음질하고 오버로크 처리한다.

9 앞판 목 주변에 보석과 별 장식을 올려 예쁘게 꾸민다.

10 보석과 별 장식 위에 종이를 깔고 다리미를 잠시 올려 놓아 떨어지지 않도록 처리한다.

11 완성된 여자 티셔츠이다.

남자 티셔츠를 여자 캡소매로 리폼

1 변경 전 남자 티셔츠이다.

2 남자 티셔츠에 원하는 밑그림을 그린 후 모양대로 목 라인과 겨드랑이, 소매, 몸판 양옆을 잘라 낸다.

3 소매 밑단은 오버로크 처리하고 안으로 접어 박음질한다.

4 진동 전체를 오버로크 처리한다.

5 오버로크로 처리된 겨드랑이 부분을 박음질하기 전 몸판 양옆 라인을 넣어 박는다.

6 목 라인에 원래 붙어 있던 검정테이프의 폭을 반으로 잘라서 접어 다림질하여 리폼용 옷에 붙여 준다.

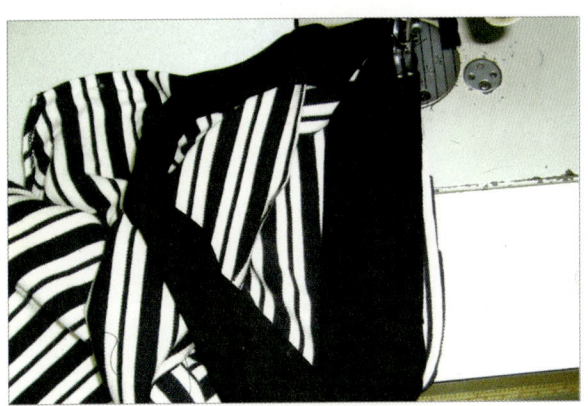

7 몸판 밑단은 검정 조르개(시보리)를 이용하여 붙여 주면 된다.

8 완성된 모습이다.

입지 않는 티셔츠의 조르개 달린 몸판을 잘라서 보관해 두었다가 필요할 때 조르개로 이용하면 좋다.

PART 7

카디건 점퍼 남방 리폼

카디건에 칼라 만들어 넣기

1 변경 전 카디건이다.

2 넓은 조르개를 준비하되 한쪽은 완성된 것을 쓴다.

3 넓은 것은 원하는 폭으로 풀어 낸다.

4 한 칸씩 건너가며 손바느질하고 다시 되박음질 형식으로 손바느질해서 끝부분이 풀리지 않도록 한다.

5 오른쪽 부분이 손바느질된 부분이다.

6 5의 손바느질된 부분을 안쪽으로 넣고 빨간색 실 부분을 손으로 시침한다.

7 단추 부분도 사진과 같이 시침한다.

8 조르개 하나로 모자라는 경우 2장을 이을 때 사진과 같이 몸판과 맞게 시침하여 빨간색 실 부분을 손바느질로 시침하고 박음질하고, 시접은 짧게 잘라 낸다.

9 흰색 선 부분을 손으로 꼼꼼히 손바느질로 처리하고 시침되었던 빨간색 부분도 듬성듬성 같은 실로 꿰매주어야 들뜨지 않는다.

10 완성된 모습이다. 빨간색 부분이 손바느질된 선이고, 연두색 부분은 박음질되지 않아 입체감을 준다.

카디건 점퍼 남방 리폼 **131**

남방을 스커트로 리폼

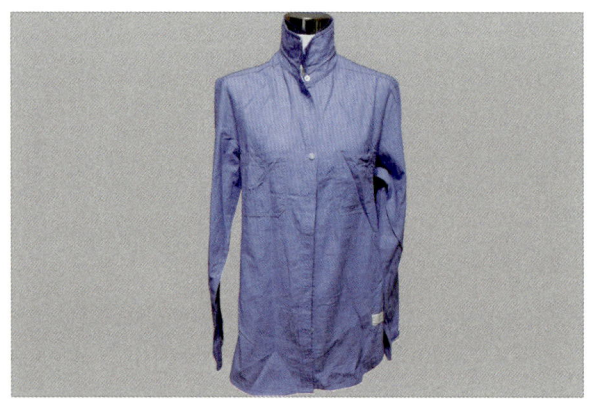

1 변경 전 남방이다.

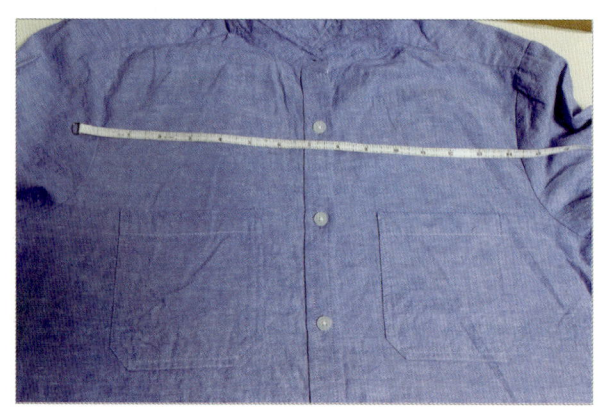

2 가슴 부분을 중심으로 리폼할 허리 사이즈를 확인한다.

3 허리 부분에서 곡선자를 이용하여 허리와 힙 넓이를 선택하여 만든다(허리에서 힙 길이는 18 cm).

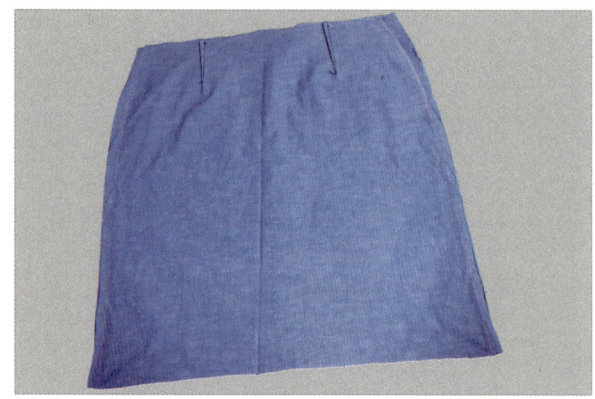

4 그린 모양으로 자르고 힙 부분에 다트 분량을 넣는다 (다트 여유분 각각 1 cm).

5 시접 1 cm 정도 남기고 박음질하여 오버로크하고 뒤집은 모습이다.

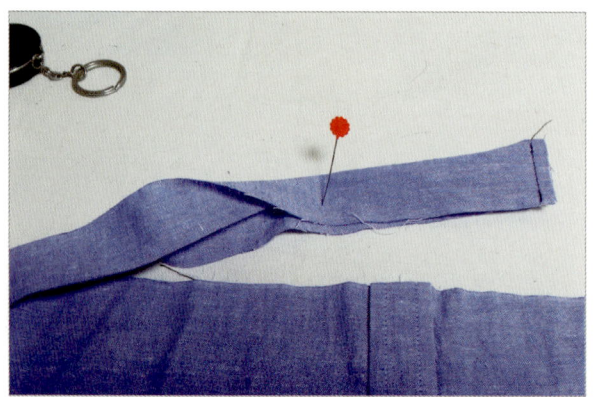

6 팔 부분을 이용하여 바이어스 형식의 허리를 만들려고 한다. 끝부분은 미리 박음질한다. 허리 넓이는 자유롭게 할 수 있다.

7 0.5 cm 넓이로 허리단과 치마를 합쳐서 박음질한다. 오버로크 처리하여 넘겨 눌러 박음질하여 허리로 사용해도 된다.

8 허리단을 위에 놓고 간격은 0.5 cm로 고르게 박음질한다. 얇은 바이어스 형식의 허리를 만들려고 한다.

9 허리단을 접어 바이어스 부분을 눌러 박음질할 수도 있고 (빨간색), 바이어스 사이를 박음질하여 (검은색) 봉제선이 보이지 않게 할 수도 있다.

10 허리 부분이 넉넉하면 똑딱이를, 부족하면 호크로 처리한다. 허리의 넓이는 자유롭게 하면 된다.

11 길이는 4 cm 여유분을 넣고 오버로크하여 손바느질로 마감하고, 아래 붙었던 라벨은 위로 올려 부착한다.

12 완성된 모습이다. 경우에 따라 A라인스커트나 간단한 플레어스커트도 가능하다.

니트 카디건을 깔끔하게 리폼

1 변경 전 니트 카디건이다.

2 자르고자 하는 위치를 접착테이프를 이용하여 자리를 잡는다.

3 재봉 땀수는 1번으로 2~3번 반복하여 박음질하면 풀리지 않고 뜯어지지 않는다.

4 늘어나지 않도록 오므려 주며 박음질한다.

5 오므려 박음질되어 테이프가 쭈그러진 모습이다.

6 박음질은 테이프 안쪽으로 하고 테이프 쪽으로 잘라낸다.

7 목을 잘라 낸 모습이다. 잘라 낸 쪽이 모아져 보기에 안정감이 있다.

8 나머지 목 부분의 잘라 낸 부분에서 실을 풀어 준다.

9 잘라 내고 박음질된 부분을 풀어 낸 실로 코를 만들어 떠 주면 된다.

10 코바늘 뜨개질을 하고 다림질로 완성한다.

11 깔끔하게 완성된 카디건이다.

니트 모자 카디건을 칼라 카디건으로 리폼

1 변경 전 모자 카디건이다.

2 원하는 칼라 길이를 초크로 표시한다.

3 표시선을 따라 잘라 내고 흰색 표시 조르개 부분을 별도로 잘라 낸다.

4 지퍼를 분리하고 늘어난 부분을 다리미로 스팀을 주어 오므려 주고 늘어나지 않게 박음질하거나 손으로 시침한다.

5 모자 부분에 지퍼가 없었으므로 지퍼를 분리하고 긴 것으로 준비한다.

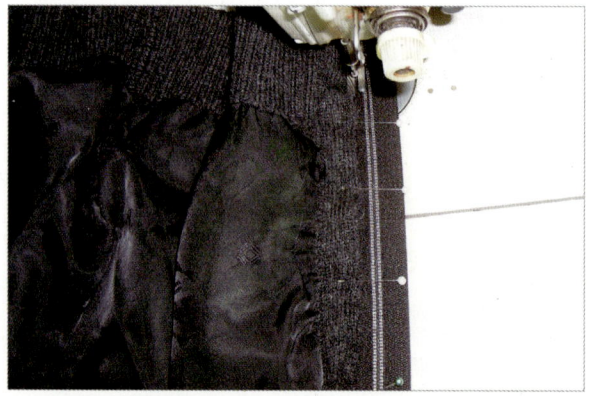

6 지퍼는 안쪽에서 원단이 늘어나지 않도록 핀으로 고정하고 박음질한다.

7 원단 위에서 지퍼가 늘어나지 않도록 다시 눌러 박음질한다.

8 모자의 남은 조각을 잘라서 사방 오버로크 처리한다.

9 오버로크 처리된 조각을 흰색 선 위에 올려 손바느질로 마감한다. 이곳은 모자 부분으로 안단이 없던 곳이다.

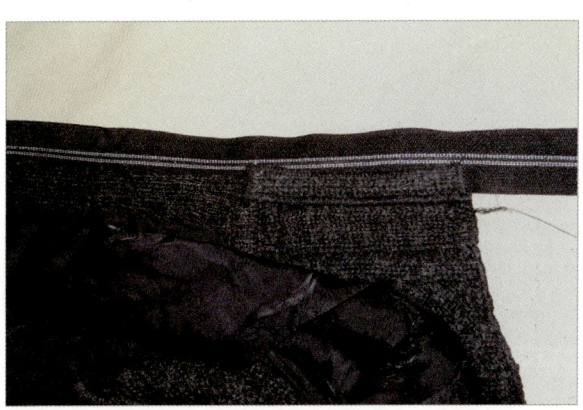

10 9의 완성된 모습이다. 때로는 안단 전체를 다른 원단으로 바꾸어 주는 경우도 있다.

11 한쪽 지퍼 완성 후 반대쪽 지퍼를 박음질할 때 좌우를 맞추어 핀으로 고정하고 시침바느질을 해 준다.

12 윗부분도 핀으로 고정하고 흰색 부분을 미리 시침박음질하고 전체를 박음질하면 좌우가 달라지지 않는다.

카디건 점퍼 남방 리폼 137

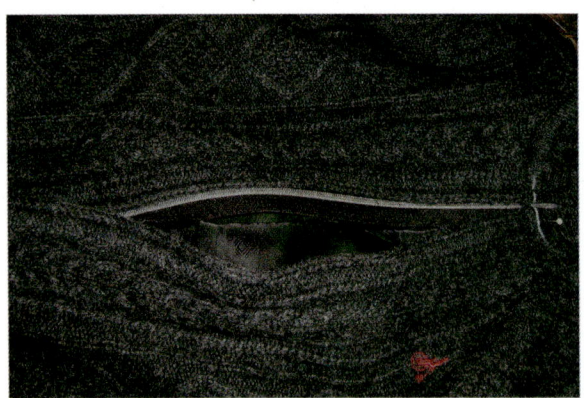

13 좌우가 같아야 할 부분을 미리 시침박음질하여 고정하고 나머지는 밀고 당겨 서로 맞추어 박음질하면 된다.

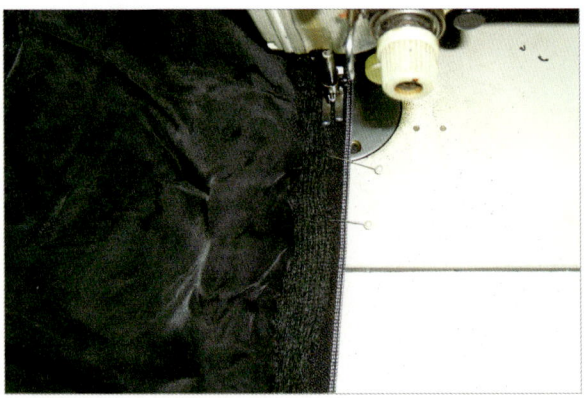

14 안감 쪽은 박음질해도 되고 손바느질로 완성해도 무방하다.

15 위 칼라 부분은 3에서 별도로 잘라 냈던 조르개 부분을 접어서 눌러 박음질하면 된다. 이때 조르개 부분을 잡아당겨 박음질하여 칼라 부분이 늘어지지 않게 해야 한다.

16 지퍼를 열었을 때와 닫았을 때의 완성된 모습이다.

니트 마무리 작업은 같은 색 실을 사용하여 구석구석 손바느질을 해줘도 별로 표가 나지 않는다. 모자 부분을 잘라 내면 뒤 칼라 쪽이 나팔처럼 늘어지기 쉬운데 니트는 손바느질로 잡아주면 깨끗하게 정리된다.

바람막이 브이넥 점퍼를 지퍼용 점퍼로 리폼

1 변경 전 브이넥 점퍼이다.

2 목 부분 조르개를 떼 낸다. 자르지 말고 풀어 내는 것이 좋다.

3 목 안쪽에 종이를 넣고 모양을 따라 그린다.

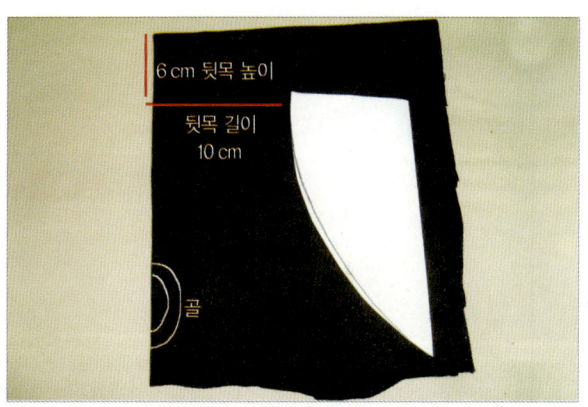

4 본을 뜬 종이를 반으로 접어서 목 높이는 정하고, 뒤 목 둘레를 측정하여 반으로 접어 골선 재단한다.

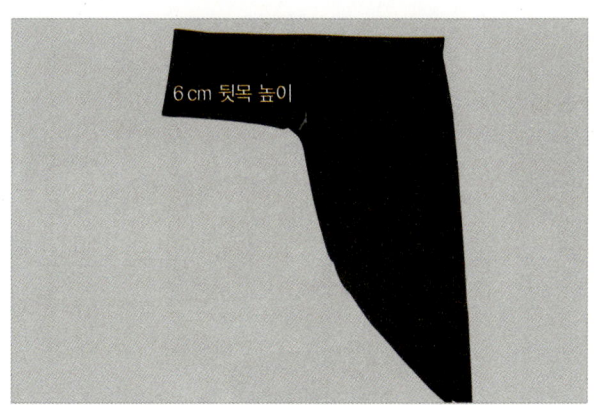

5 잘라 낸 모습이다. 이것을 펴면 7의 모양과 같다.

6 앞 중심을 잘라 낸다. 안감이 있을 때는 목 조르개를 분리하기 전 손으로 안감과 겉감 중심선을 시침해 두면 좋다.

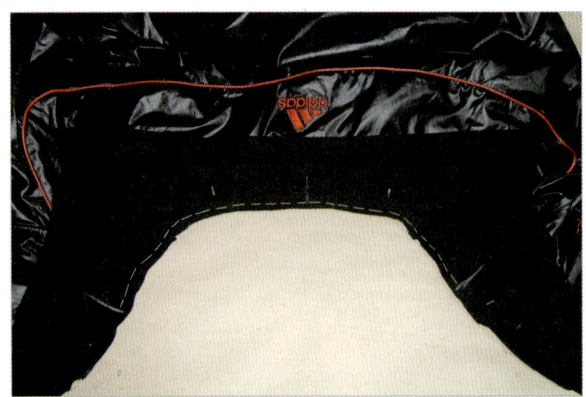

7 겉감에 그림과 같이 핀으로 고정하고 박음질한다. 앞쪽에서 지퍼를 박을 수 있도록 뒤쪽 초크선까지만 박음질한다.

8 박음질할 때는 몸판을 위에 놓고 박음질하면 박음선이 보여 겉면에서 깔끔하게 처리된다.

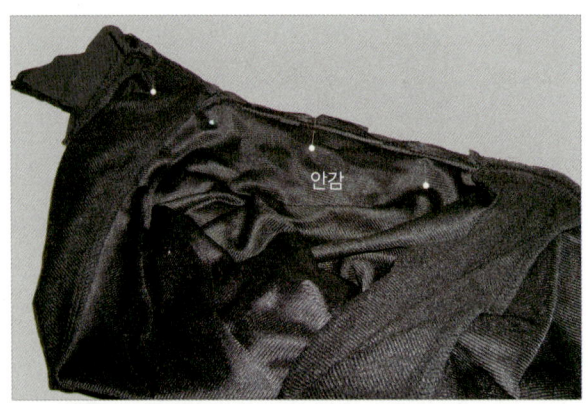

9 안감을 박음질할 때도 뒷부분만 박음질하고 7의 초크 표시선은 박음질하지 않는다.

10 안감을 핀으로 고정하고 박음질할 때도 겉감을 위에 놓고 8의 박음질 선을 따라서 박음질하면 겉면에서 깔끔하게 처리된다.

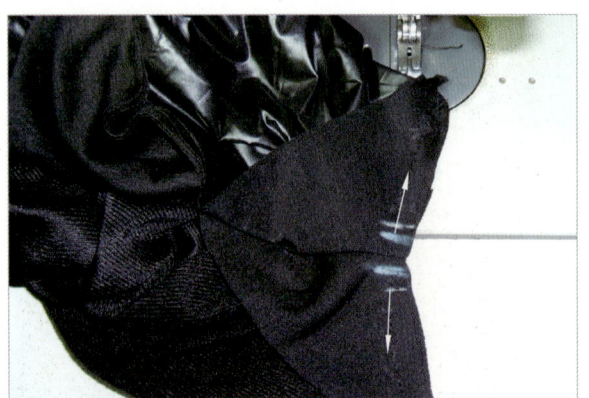

11 7에서 남겨 두었던 부분은 안감 따로 겉감 따로 박음질한다. 그렇게 되면 파란색 부분이 박음질이 되지 않는다.

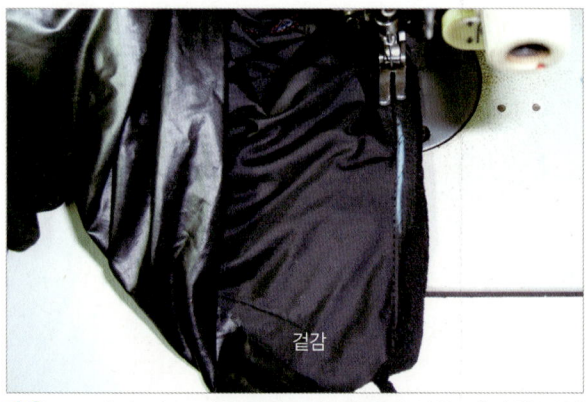

12 11에서 따로 박음질하느라 박히지 않은 파란색 부분까지 겉면에서 함께 눌러 박음질한다.

지퍼 박음질

13 지퍼는 겉감부터 박음질한다.

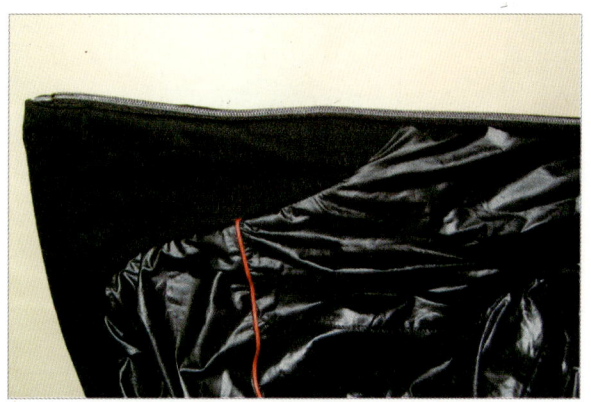

14 겉감 지퍼가 완성된 모습이다.

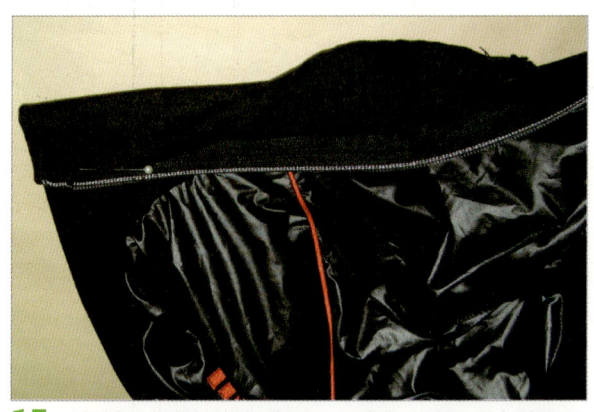

15 안감은 사진과 같이 핀으로 고정하고 안쪽에서 양쪽 끝만 박음질하여 지퍼의 양쪽 끝이 같은지 맞추어 본다. 이 때 11, 12의 작업 없이는 지퍼를 감싸 박음질할 수 없다.

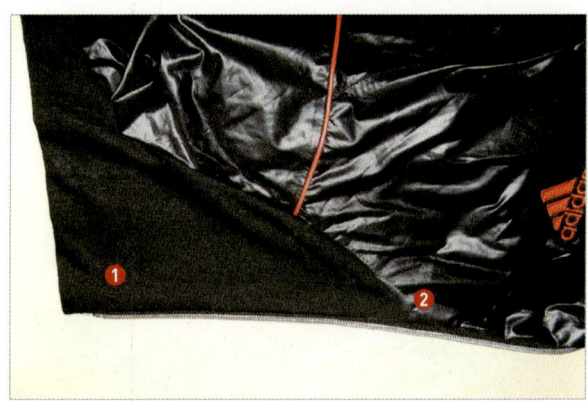

16 반대쪽 지퍼를 부착할 때는 ❶, ❷ 좌우 지퍼가 같도록 지퍼를 잠근 후 시침으로 고정하고 나머지를 박음질하는 것이 좋다.

17 완성된 모습이다. 지퍼는 브이넥보다는 지퍼가 목 위로 올라가는 것이 훨씬 좋다.

목 폴라티를 카디건으로 리폼

1 변경 전 목 폴라티이다.

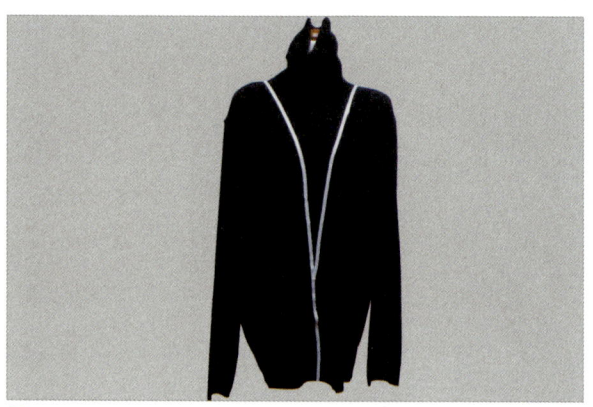

2 자르고자 하는 모양으로 접착단면테이프를 붙여 모양을 잡는다.

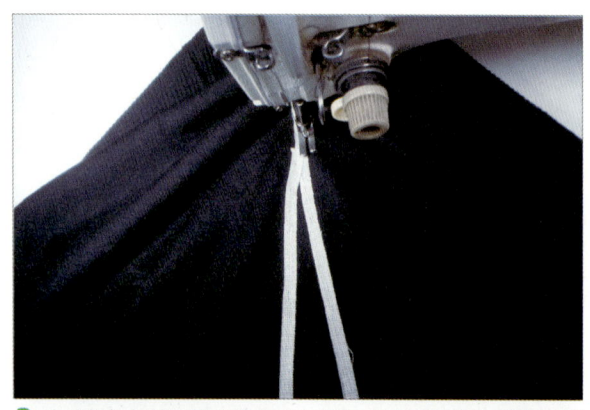

3 늘어나지 않도록 자르고자 하는 부분을 테이프를 피하여 안쪽으로 미리 박음질한다.

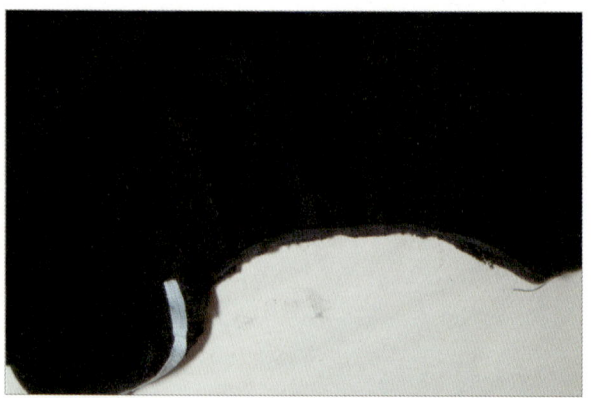

4 목 부분은 0.5 직선테이프를 이용하여 오므려 주어야 목 부분이 늘어나지 않고 힘을 받는다.

5 잘라 낸 3 부위를 오버로크 처리한다.

6 붙어있던 밑단 조르개 부분을 잘라 낸다.

7 밑단 조르개를 부착하고 한쪽 지퍼를 박음질한 후 반대쪽 지퍼를 핀으로 고정한다. 지퍼를 열고 박음질하되 긴 지퍼를 이용하여 목 뒤까지 연결한다.

8 목 뒷부분은 잘라 낸 원단을 이용하여 지퍼 끝부분을 감싸 준다.

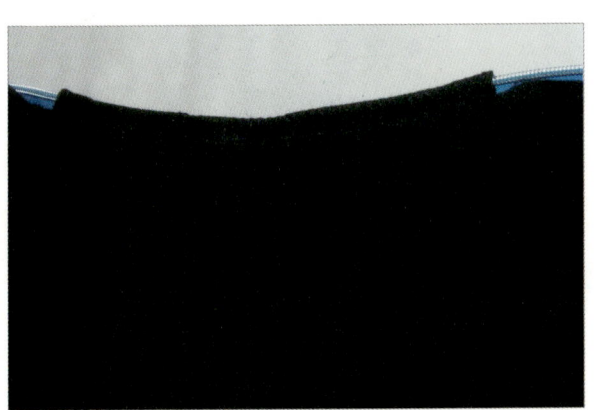

9 지퍼를 감싸 주어 목이 차갑지 않아서 좋다.

10 목 부분으로 주머니 안감을 만들려고 한다.

11 주머니를 만들기 위하여 위치를 표시한다.

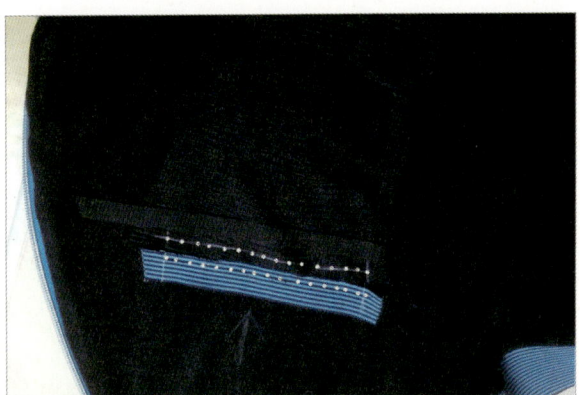

12 겉면에 사진과 같은 방법으로 안감과 조르개를 놓고 점선을 따라 각각 박음질한다.

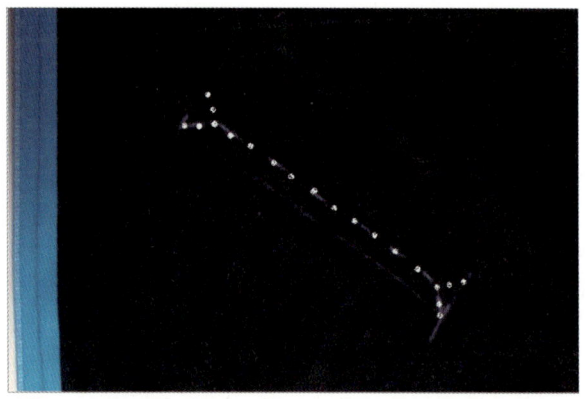

13 12의 뒷면 박음질 선을 사진과 같은 방법으로 자른다.

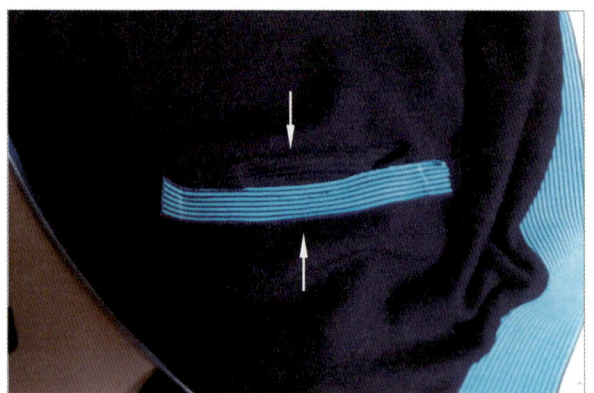

14 겉면에서 화살표 방향으로 13의 자른 구멍으로 안감과 주머니를 뒤집어 넣는다.

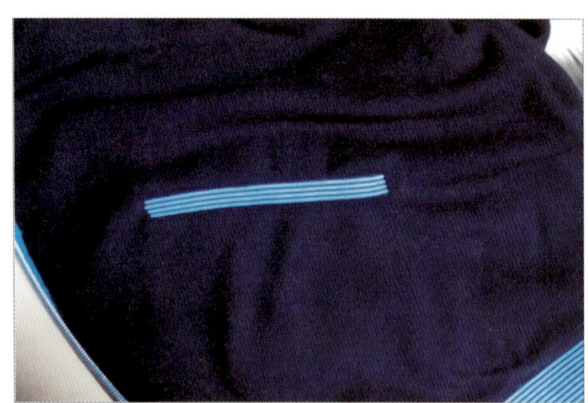

15 14의 화살표 방향으로 안쪽으로 뒤집어 넣은 모습이다.

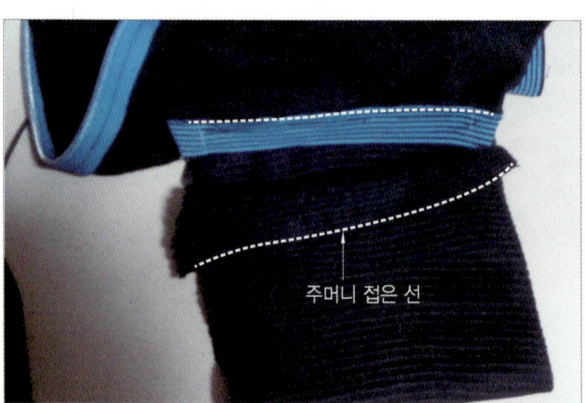

16 주머니 안감을 반으로 접어 흰색 부분을 마주보고 박음질해야 한다.

17 흰색 점선을 따라 박음질된 모습이다.

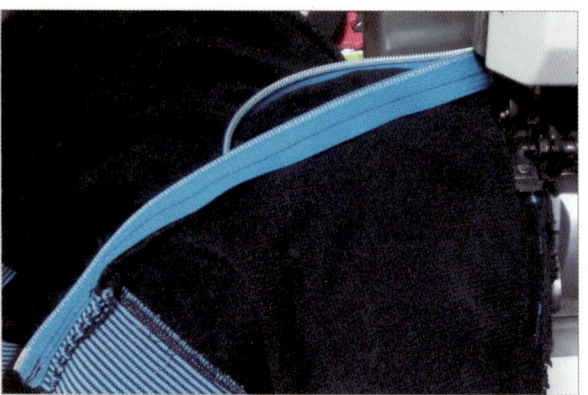

18 박음질된 주머니 부분을 오버로크 처리한다.

19 양쪽 끝 삼각형 부분을 단단히 박음질한다.

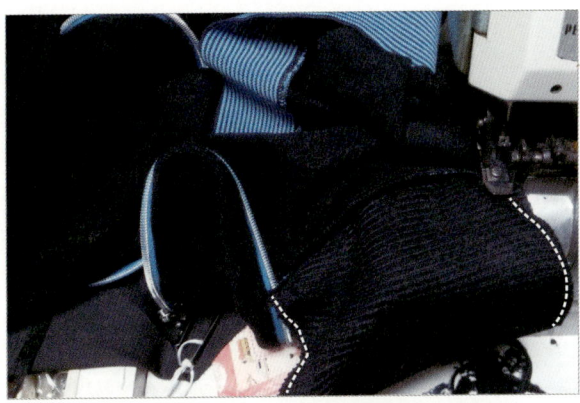

20 주머니 전체를 돌려가며 박음질하고 오버로크 처리한다.

21 완성된 주머니 안감 모습이다.

23 카디건이 완성된 모습이다.

22 겉면에서 주머니가 완성된 모습이다.

니트 종류도 얼마든지 잘라 내서 연출할 수 있다. 이때 풀어지지 않도록 미리 자르고자 하는 선을 땀수를 좁게 하여 2~3번 미리 박음질하며, 박음질할 때 늘어나지 않도록 오므려 박음질하는 것이 중요하다.

오리털 파카를 조끼로 리폼

1 변경 전 오리털 파카이다.

2 오리털 파카의 팔을 잘라 낸다.

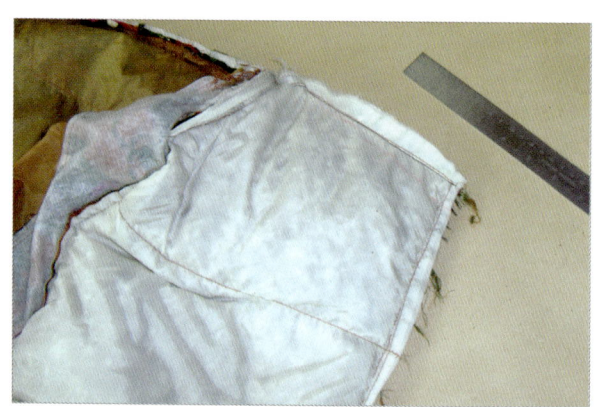

3 어깨산을 1cm 정도 목에서 어깨 쪽으로 줄여 주어야 조끼로 만든 어깨 부분이 뜨지 않는다.

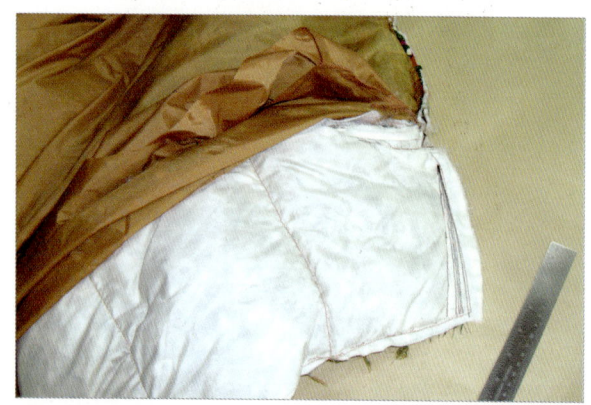

4 어깨 부분을 박은 것이다. 박을 때는 바늘땀을 1땀으로 하여 촘촘히 4줄을 박아 2줄 사이를 가위로 잘라 주어야 털이 날리지 않는다.

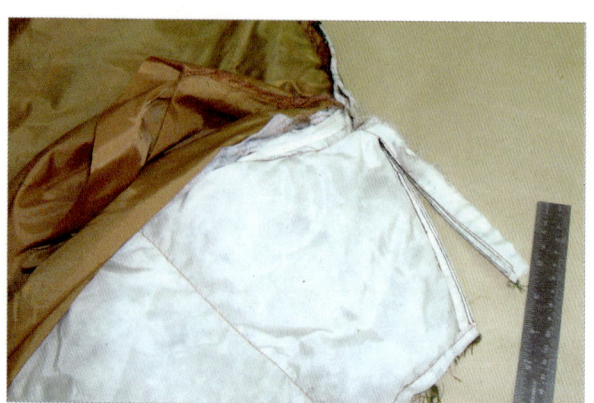

5 2줄 사이로 잘라 준 것이다.

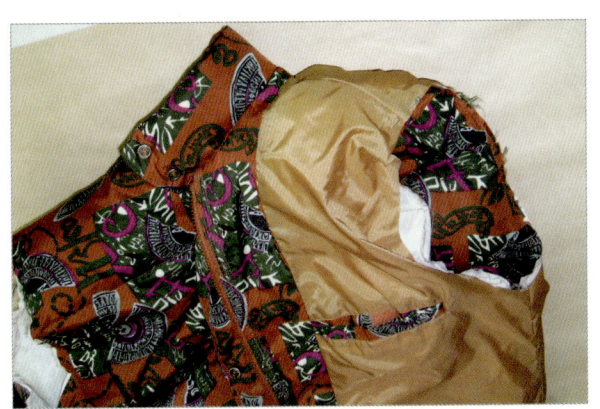

6 사진과 같이 핀침을 꽂아 흰색 부분으로 들어가서 핀을 꽂은 중앙의 양쪽을 각각 5 cm 정도 미리 박아 주어야 한다.

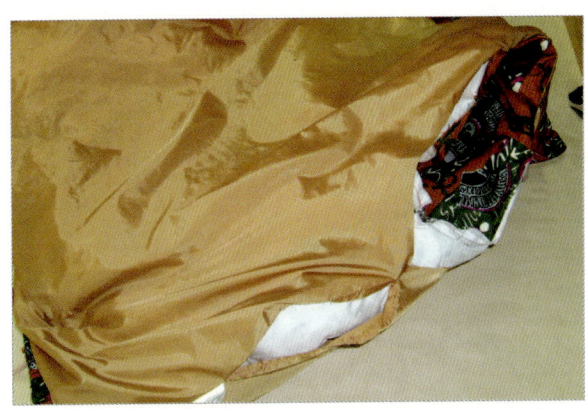

7 나머지 부분은 몸판을 뜯어서 들어가 박아 주면 된다.

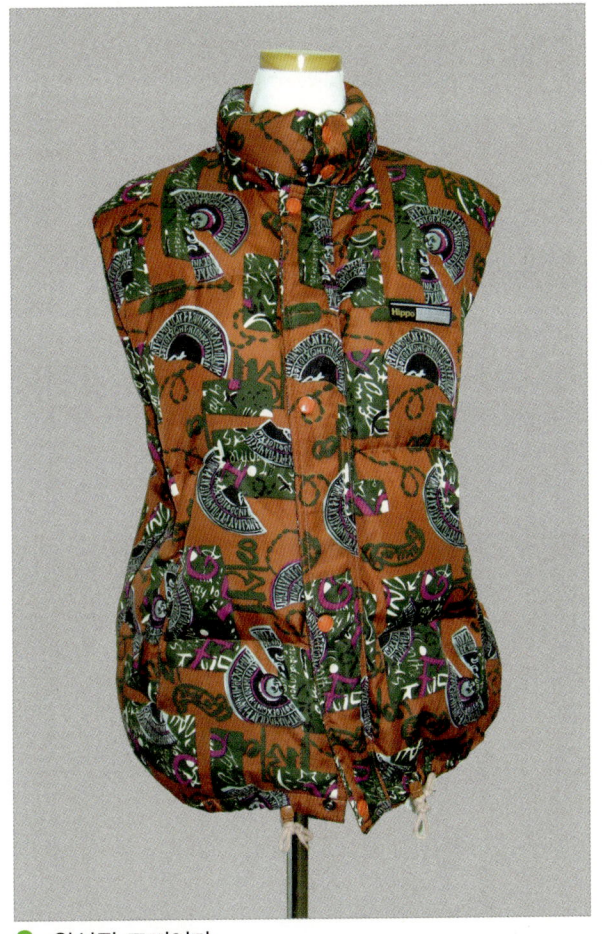

8 완성된 조끼이다.

tip 오리털로 된 옷의 품을 줄일 때는 잘라 내야 하는 부분에 재봉틀로 촘촘히 4~5줄 박은 후 박음선 중간을 잘라야 털이 날리지 않는다.

후드 티셔츠를 후드 집업으로 리폼

1 변경 전 후드 티셔츠이다.

2 후드 티셔츠에 중심선을 그려 표시한 후 중심선을 자른다.

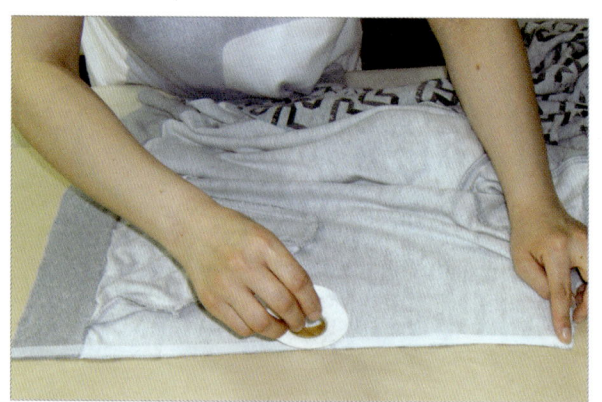

3 늘어나지 않도록 중심선에 1cm 직선테이프를 붙인다.

4 테이프 붙인 부분을 오버로크 처리한다.

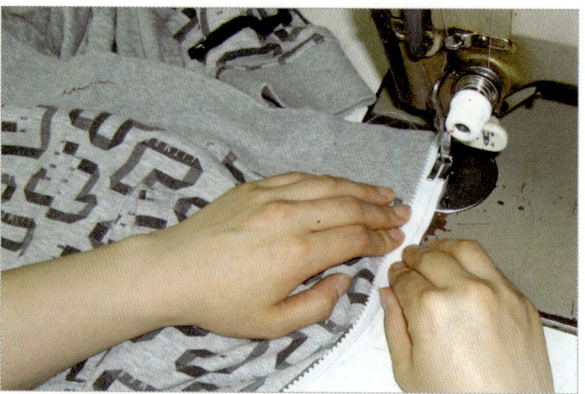

5 안쪽에서 지퍼를 핀으로 고정시키고 박음질하되 원단이 지퍼 끝보다 길어서는 안 된다.

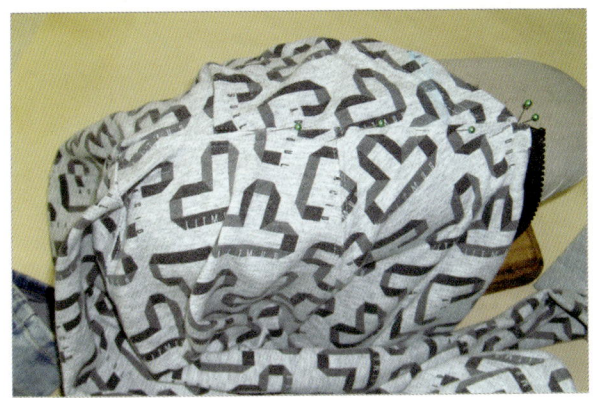

6 앞쪽의 모자와 몸판을 연결할 때 몸판 부분이 모자보다 크므로 접히지 않도록 셔링 처리한 후 핀으로 고정시킨다.

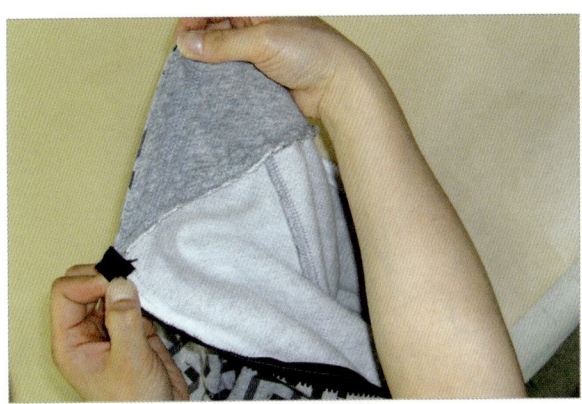

7 안쪽에서 지퍼 끝처리한 모습이다.

8 겉에서 지퍼 처리한 모습이다.

9 모자와 몸판을 연결하여 박고 오버로크 처리하면 완성된다.

10 완성된 후드 집업이다.

남방을 민소매 셔츠로 리폼

1 변경 전 남방이다.

2 남방에 원하는 밑그림을 그린 후 가위로 그대로 잘라 낸다.

3 어깨와 양옆을 박고 오버로크 처리한다.

4 밑단은 허리를 묶을 수 있도록 밑그림을 그려 가위로 잘라 준다. 같은 원단으로 진동 부분에 쓸 바이어스테이프를 만든다.

5 만들어진 바이어스테이프는 5cm이며 이것을 반으로 접어서 다림질한다.

6 진동둘레에 바이어스테이프를 0.5 cm 시접을 두고 박음질하고 다시 접어서 눌러 박는다.

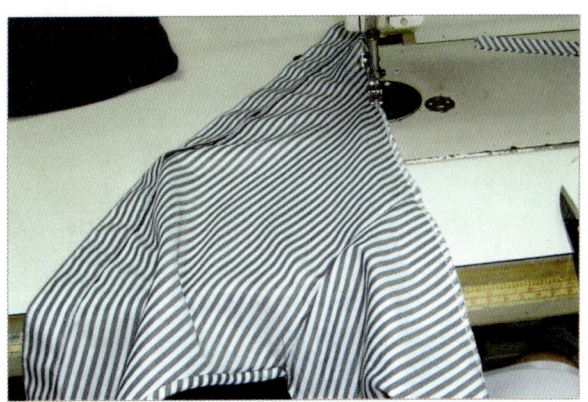

7 오버로크 처리한 밑단을 접어 얇게 박아 준다.

8 완성된 민소매 셔츠이다.

민소매 뒤쪽 밑단에 고무줄을 넣어 만들면 활동하기 편리한 옷이 된다.

남자 남방을 여자 봄 점퍼로 리폼

1 변경 전 남자 남방이다.

2 남방 소매를 몸판에서 분리하여 소매 속에 소매를 넣어 원하는 길이만큼 하나를 내리고 그것에 따라 초크로 그림을 그린다.

3 그림을 그리고 소매 두 장을 합하여 함께 잘라 낸다.

4 소매를 몸판에 붙여 박음질하고 오버로크 처리한다.

5 소매의 폭이 줄었으므로 몸판 쪽도 함께 줄여서 박음질한 후 오버로크 처리한다. 팔 길이를 아래서 줄이면 몸판은 줄이지 않는다.

6 허리를 중심으로 5 cm 길게 자른 후 허리 사이즈보다 5 cm 넓게 재단하여 나머지 여분으로 앞·뒤의 주름을 만든다.

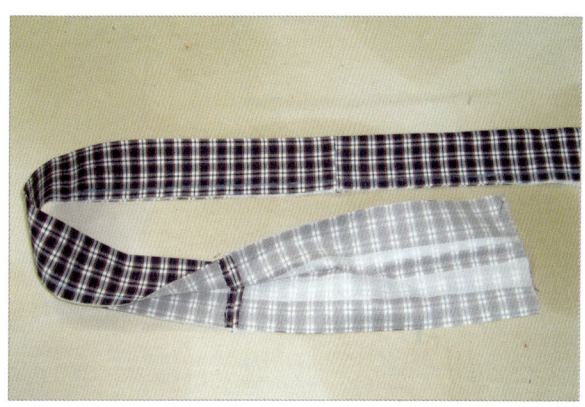

7 잘라 낸 천으로 폭이 12 cm 되게 잘라서 심지를 붙여 접어서 다림질을 한다(접어서 6 cm임).

8 한쪽을 펴서 몸판과 함께 박음질한다.

9 허리띠 양쪽 끝은 몸판에 맞추어 접어서 박음질한다.

10 밑단 안쪽은 접어서 위에서 눌러 박아 주고 단춧구멍을 뚫어 단추를 달아 준다.

11 완성된 여자 봄 점퍼이다.

PART 8

원피스 치마 리폼

머플러를 치마로 리폼

1 잘 사용하지 않는 머플러이다.

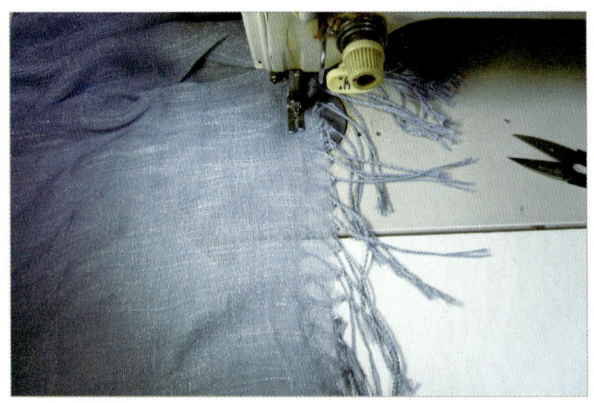

2 서로 선을 잘 맞추어 통을 만들어 박음질한다.

3 시접을 0.5 cm 정도 남기고 잘라 낸 후 오버로크 처리한다.

4 가름솔로 다림질하고 눌러 박음질한다.

5 허리 고무밴드를 준비하여 양옆을 오버로크 처리한다.

6 허리 사이즈에 맞게 연결하여 박음질 후 가름솔한다.

7 너무 넓은 원단은 실고무줄로 처리하든지, 미리 주름을 잡아 주든지 한다.

8 고무줄 부분을 4등분 표시하고 치마 주름 부분도 4등분 표시하여 준다.

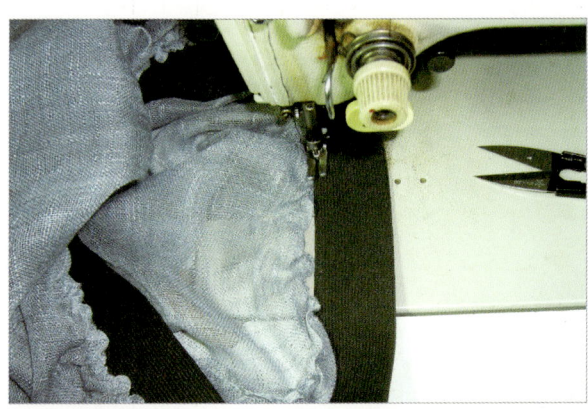

9 고무줄을 위에 놓고 잡아당겨 4등분점까지 각각 박음질한다.

11 완성된 치마이다.

10 고무줄 연결 부위는 가름솔하여 위에서 눌러 박음질한다.

머플러의 폭이 너무 넓어서 여유분을 충분히 높게 처리했더니 착용감과 보여 주는 면이 훨씬 안정감이 있다. 머플러는 폭이 넓어 원피스나 치마, 바지로 리폼이 가능하다.

블라우스를 원피스로 리폼

1 변경 전 블라우스이다.

2 어깨와 아래 날라리를 제거한다. 경우에 따라서는 날라리는 그대로 사용해도 된다.

3 땀수를 넓게 하고 실고무줄을 북알에 감아 원단에 박음질하면 주름이 생기며 치마 형태를 만들 수 있다.

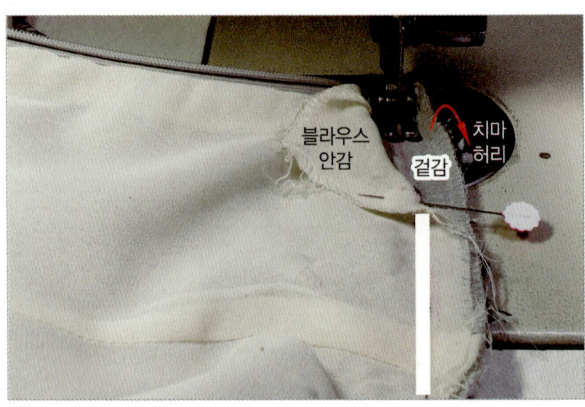

4 블라우스와 치마를 합쳐 박음질할 때 안감을 치우고 겉감만 2~3 cm 박음질한다.

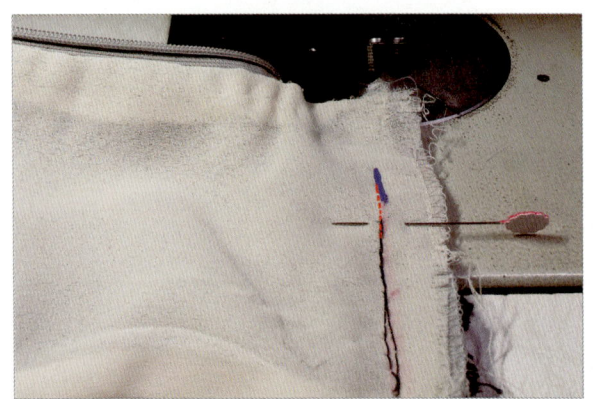

5 안감을 덮으면 파란색 부분까지 4에서 박음질되어 있다. 파란색 부분이 겹쳐지도록 빨간색 부분 부터 박음질해야 모두 박음질이 된다.

6 블라우스 부분에서 지퍼를 분리해 두었던 허리 부분을 좌우길이가 같도록 박음질한다.

7 오버로크 처리하고 Ⓐ작업 부분을 분리해서 손바느질로 마감한다. 또는 **4**를 작업할 때 안감 부분을 모두 치우고 Ⓐ와 같이 손으로 오버로크 부분을 덮어 감침질해도 된다.

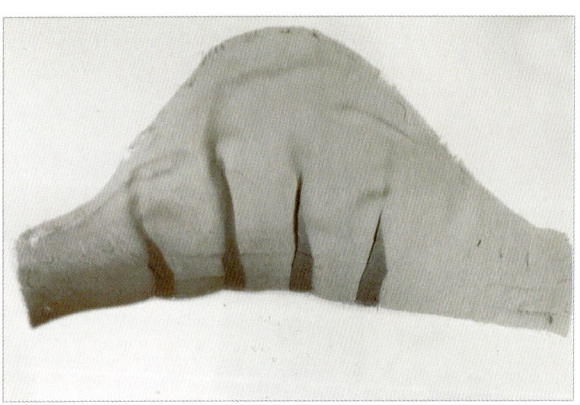

8 분리한 팔을 종이 위에 본을 그린다.

9 본을 뜬 종이로 2장을 함께 잘라 1cm 표시선을 따라 여유분을 남긴다.

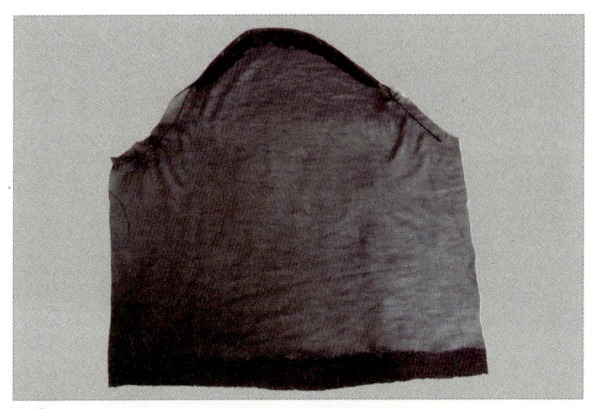

10 표시선을 따라 박음질 후 봉제선을 잡아당겨 볼륨을 주고 밑단과 소매통을 박음질한다.

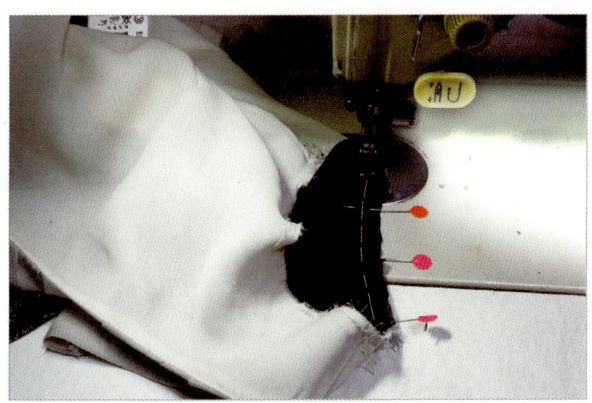

11 완성된 소매통을 몸판에 핀으로 고정하여 박음질하고 오버로크 처리하면 완성된다.

12 완성된 모습이다. 이 작업은 다양한 방법으로 응용이 가능하다.

원피스 앞판 판 갈이

1 변경 전 원피스이다.

2 앞판을 분리한다. 이때 오버로크를 잘라 내지 말고 풀어 내야 한다.

3 삽입하고자 하는 원단을 골선 재단으로 하려고 한다.

4 잘라 낸 새로운 앞판과 안단에 늘어나지 않도록 심지를 붙인다.

5 안단과 함께 선을 따라 박음질하고 0.5 cm 여유분을 두고 잘라 낸다.

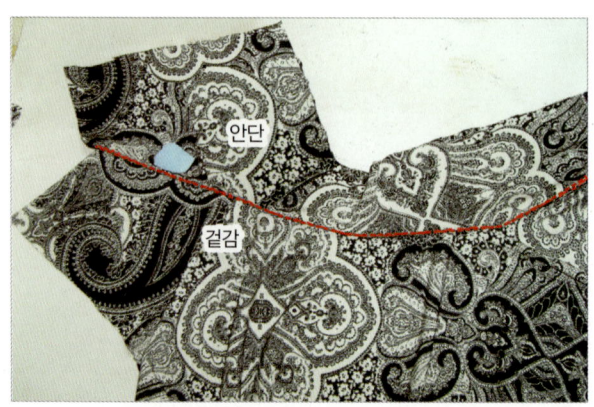

6 안단이 들뜨지 않도록 시접을 안단 쪽으로 보내고 안단 위에서 눌러 박음질한다.

7 다림질할 때 빨간색 표시 부분이 박음질 선이다. 겉감보다 0.3 cm 정도 안쪽으로 다림질되어야 겉면이 깔끔하다.

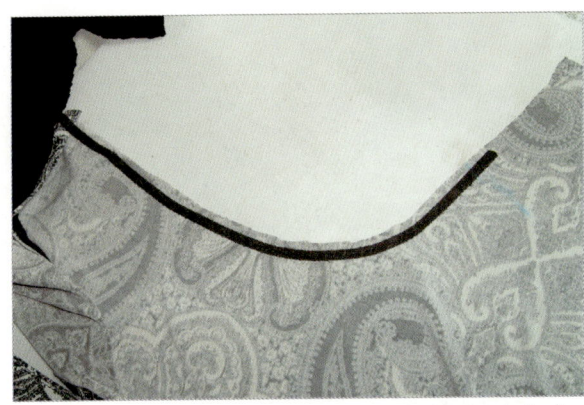

8 겨드랑이 부분도 늘어나지 않도록 심지를 붙이되 겨드랑이 부분은 실물보다 조금 넉넉히 자르는 것이 좋다.

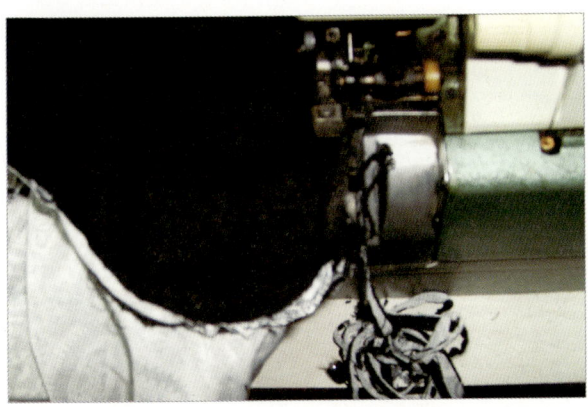

9 팔과 몸판 겨드랑이는 박음질 후 오버로크 처리한다.

10 팔을 오버로크 처리하여 완성된 모습이다.

11 어깨가 완성되면 양옆과 길이를 박음질하면 완성된다.

12 완성된 모습이다. 다양한 방법과 색으로 연출 가능하다.

원피스 캡소매를 일반 소매로 리폼

1 변경 전 원피스 캡소매이다.

2 소매를 분리한다.

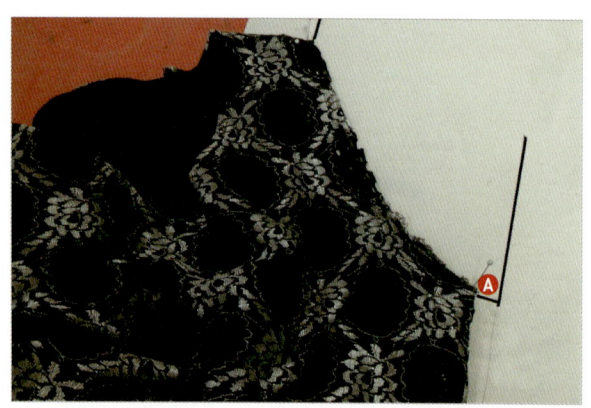

3 소매통 넓이를 잰다. 옷이 작을 때는 ⒶA부분에 여유를 주는 것이 좋다.

4 앞 23 cm, 뒤 24 cm이다.

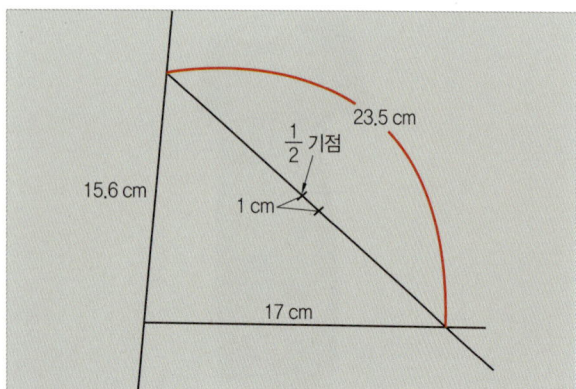

5 소매산 높이를 15.6 cm, 앞뒤 폭을 23.5 cm로 맞춰 사선을 만들어 1/2 기점과 1 cm 아래 빨간색 표시선을 그린다(한 장 소매).

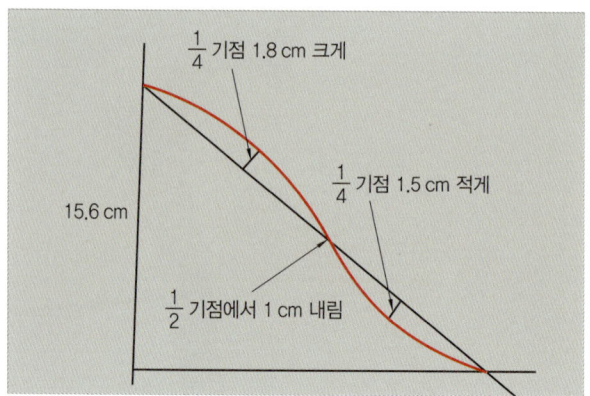

6 1 cm 아래 빨간색 선을 기점으로 위아래 그림과 같이 곡선을 그린다.

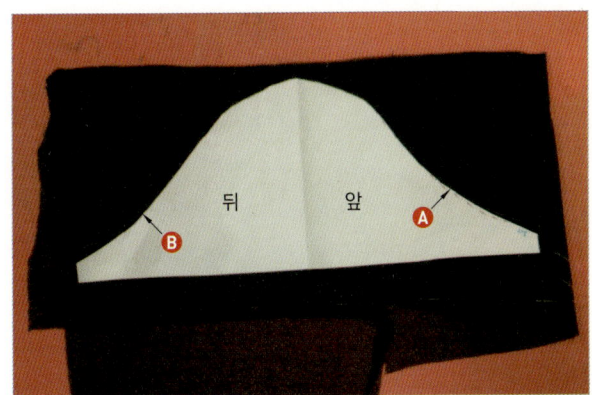

7 ⓐ부분은 1.5 cm 파 주고, ⓑ부분은 0.8 cm 파 준다 (tip에서 자세히 설명함).

8 소매 끝부분은 같은 원단을 사용하여 매치를 시켜 주고 소매산 부분은 1 cm 박음질하여 실을 살살 당겨 볼륨을 준다.

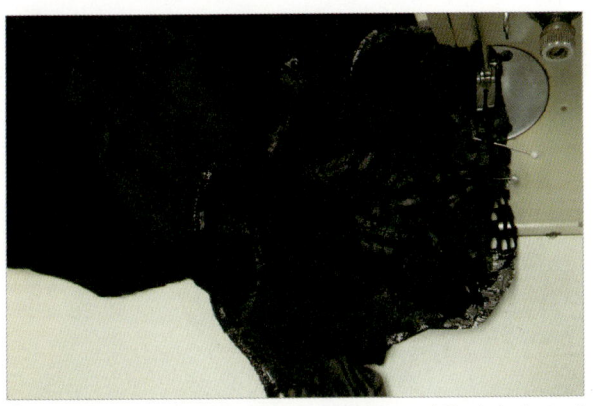

9 겨드랑이와 소매를 핀으로 고정하고 박음질하여 오버로크 처리하면 된다.

10 일반 소매로 완성된 모습이다.

 **tip**

23.5 cm ÷ 4 = 5.87 cm
A−B = 23.5 cm
A−C = 23.5 cm
A−D = 15.6 cm (A+B+C) ÷ 3

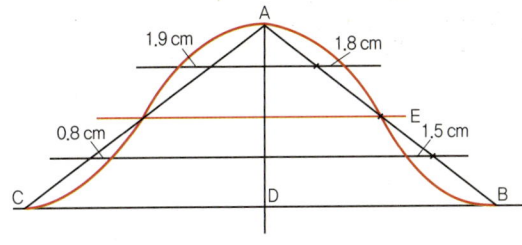

　앞판 소매길이 23 cm, 뒤판 소매길이 24 cm일 때 23+24 = 47을 3으로 나누면 15.6(소매산 높이)이 나온다. 직선을 길게 그리고, 소매산 높이 15.6 cm 선을 긋고 23.5 cm(앞뒤판÷2) 사선을 긋는다. 23.5÷4 = 5.87선을 각각 긋고 윗부분은 1.8을 키워주고 아랫부분은 1.5를 줄여 암홀자로 5.85선에서 1 cm 내린(E)선을 교차점으로 위아래 선을 긋는다. 뒤판도 같은 방법으로 선을 그린다.
　정확한 패턴보다는 리폼에 잘 적용하는 한 장 소매 그리는 법이다. 빨간색 곡선은 암홀자를 좌우로 이용하여 (1.8, 1.5, 1.9, 0.8) cm 선을 통과하여 그리면 된다.

원피스를 오픈형 바바리로 리폼

1 변경 전 원피스를 화살표 방향으로 자른다. 이때 안감과 겉감은 따로 자르는 것이 좋다.

2 앞부분을 암홀자로 정리할 때 모양은 자유롭게 한다.

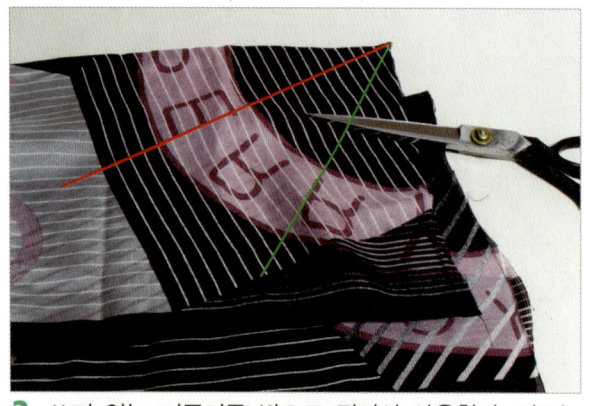

3 쓰지 않는 머플러를 반으로 잘라서 사용한다. 자르는 방향에 따라 다르므로 자유롭게 해도 된다(빨간색, 초록색).

4 잘라 낸 부위는 말아서 박음질하고 다림질로 마무리 한다.

5 아래는 안감, 중간은 머플러, 위는 치마 원단을 놓고 핀으로 고정하여 빨간색 선을 따라 박음질하고 오버로크 처리한다.

6 완성된 모습이다. 머플러의 넓이와 길이 등 잘라진 방법에 따라 모양이 다르게 나온다.

원피스 치마를 민소매 블라우스로 리폼

1 원피스 윗부분은 다른 것으로 리폼하고, 아랫부분으로 민소매 블라우스를 만들려고 한다.

2 자를 선을 정하여 등판에서 지퍼 길이를 그대로 사용할 수 있도록 분리한다.

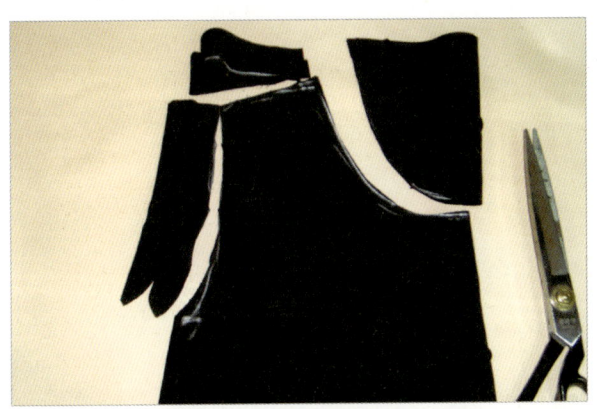

3 몸에 맞는 옷본을 놓고 재단하여 잘라 낼 때 골선 재단을 하면 양쪽이 달라지지 않는다.

4 앞부분 어깨는 뒤보다 2 cm 정도 짧게 해야 뒤로 넘어가는 현상이 없다(빨간색 앞부분 표시선).

5 앞판에 늘어나지 않도록 심지를 붙이고 안감과 겉감을 마주보고 박음질한다.

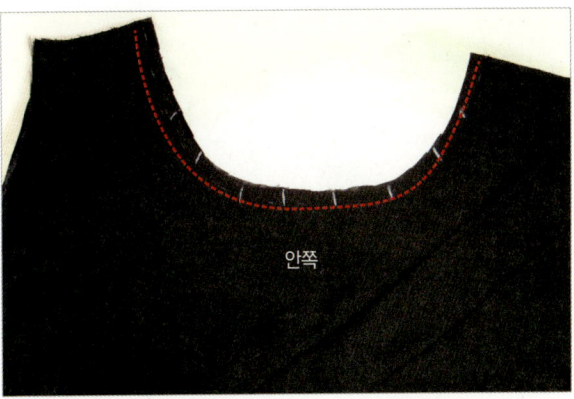

6 박음질 부분의 초크선을 따라 가위찜을 넣어서 목 부분이 울지 않도록 한다.

7 안감을 위로 놓고 시접이 박음질되도록 꾹 눌러 박음질을 하면 안감이 들뜨지 않고 깔끔하다.

8 겉감이 0.3 cm 안쪽으로 들어가도록 다림질한다.

9 뒷부분도 앞판과 같은 방법으로 만들어 준다. 6에서 검은색 심지를 사용하여 심지가 보이지 않으므로 흰색으로 처리하여 알기 쉽게 했다.

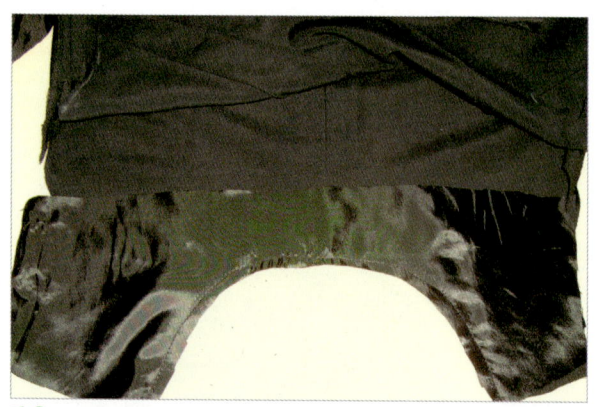

10 자를 때는 겉감과 안감을 똑같이 자르는 것이 중요하다.

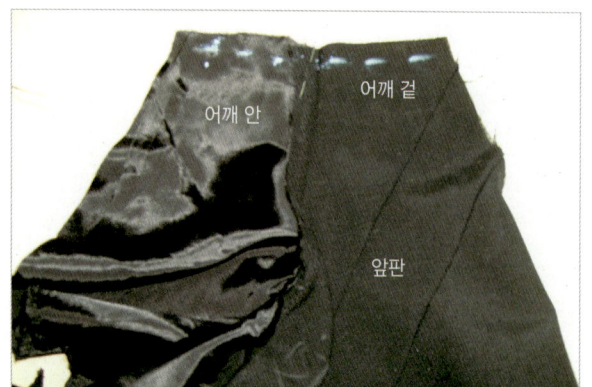

11 뒤판에 앞판을 올려놓고, 안감은 안감과, 겉감은 겉감과 마주보고 붙일 때 여유분 시접을 1 cm 넣고 박음질한다(어깨 부분).

12 11을 붙여 펴 보면 이와 같은 모양이다.

13 11, 12 작업으로 완성된 겉모양이 흰색 부분이다.

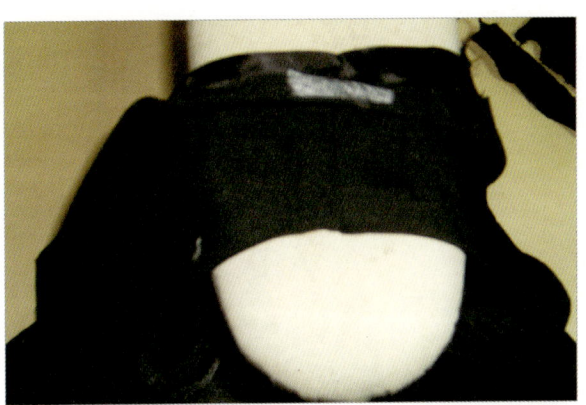

14 13의 빨간색 부분을 겉감과 안감을 접어 박음질된 것처럼 다림질하고 녹는 심지를 붙여서 고정해 준다.

15 화살표 방향으로 안쪽으로 들어가서 고정된(14) 좌우 약 5 cm 정도는 박음질되어야 한다(흰색 표시 부분).

17 나머지 부분은 안감 쪽으로 들어가서 박음질하면 쉽게 할 수 있다. 완성된 모습이다.

16 15의 화살표 방향으로 들어가 잡아당겨 박음질하는 모습이다. 이와 같은 방법을 쓰지 않으면 어깨 겉감과 안감을 함께 박음질할 수 없다.

민소매에 안감이 없는 것은 간단하지만, 안감이 있는 것은 어깨 안감과 겉감에 박음질하는 것은 안쪽에서 한번에 박음질할 수가 없다. 어깨 중심선 부분을 16과 같이 하고 다른 부분은 안쪽으로 들어가면 순순히 박을 수 있다.

일반 원피스를 고무줄 원피스로 리폼

1 가슴 바로 아랫부분을 절개하려고 한다. 위치는 스스로 정하면 된다.

2 절개할 때 지퍼를 자르지 말고 그대로 이용할 수 있도록 분리한다.

3 현재의 원피스 품보다 2배 정도의 원단이 필요하다.

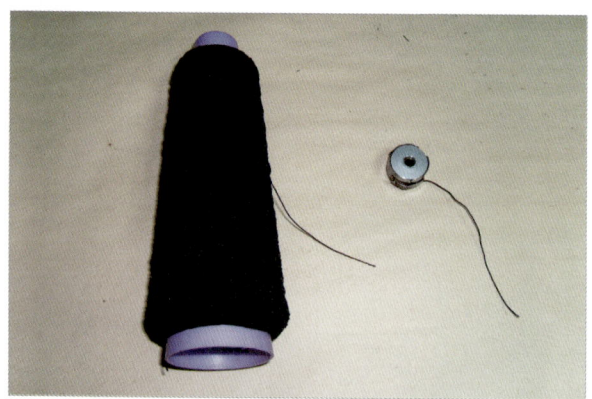

4 실고무줄을 북알에 감아서 밑실로 사용한다.

5 박음질할 부분을 약 2 cm 정도의 시접을 남기고 쭉 박음질하면 옆모습과 같이 주름이 된다.

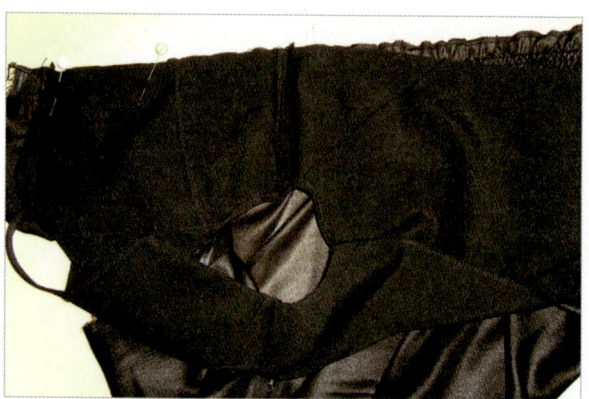

6 고무줄 부분을 아래에 놓고 상의 위에서 핀으로 고정하면 좋다.

7 여유분 1cm 정도 남기고 박음질한다.

8 박음질한 것을 오버로크 처리한다.

9 들뜨지 않도록 안쪽 시접 여유분을 위로 올리고 위에서 눌러 박음질한다.

10 지퍼 길이 분량을 남기고 아래 치마 부분을 미리 박음질한다(지퍼부터 박음질하고 나머지 아랫부분을 박음질하면 지퍼 끝부분이 깨끗하게 처리되지 않는다).

11 완성된 모습이다.

달라진 모습이 잘 보이도록 안감을 넣지 않았다. 원단에 따라서 안감은 적절히 사용하면 되므로, 다양한 색상과 디자인을 만들 수 있다.

주름 원피스를 타이트 원피스로 리폼

1 변경 전 주름 원피스이다.

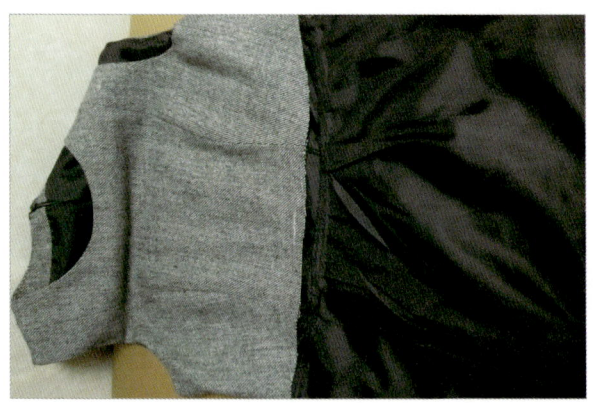

2 허리 라인 아래만 분리한다.

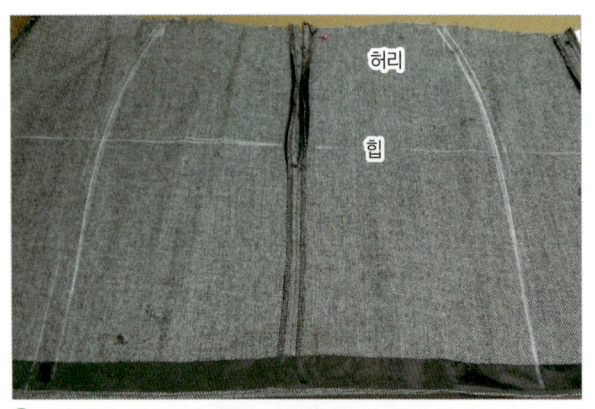

3 분리된 치마 부분을 지퍼를 중심으로 허리와 힙 사이즈를 그린다.

4 여유분 2 cm를 남기고 자른다.

5 허리 다트 분량을 그리고 양옆 선을 따라 박음질한다.

6 5번 박음질 선에 오버로크 처리하고 뒤집은 모습이다.

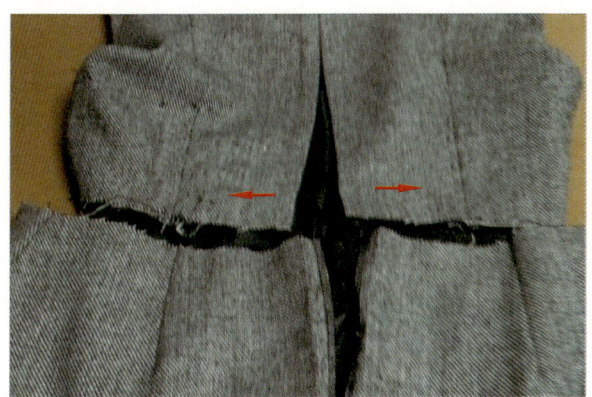

7 지퍼 부분을 중심으로 좌우 합쳐 박음질하고 남거나 모자라면 옆 봉제선에서 정리한다.

8 위아래 맞추고 여유분 2 cm를 남기고 박음질한다.

9 지퍼를 부착한다.

11 완성된 타이트 원피스이다.

10 콘솔 노루발 지퍼를 사용하면 좋다.

힙 부분이 풍성해 보이지 않고 날씬하게 보인다. 키가 작아서 허리 라인이 쳐질 때는 윗부분을 조금 더 잘라 내면 되고 힙 다트는 뒷부분만 넣는 것이 깔끔해 보인다.

원피스 치마 리폼

PART 9

재킷 리폼

남성복 허리 라인 넣기와 몸판 축소

1 수선 전 일반 박스형 양복이다.

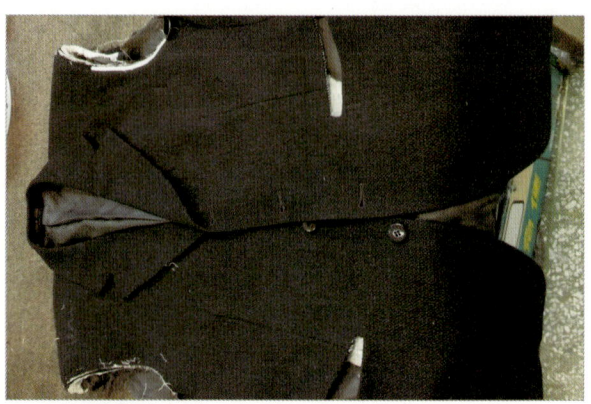

2 팔을 분리한다.

3 뒷등 중심선을 3 cm 정도 줄인다.

4 뒷부분 사이바(절개)를 2 cm 정도 줄인다.

5 옆부분 사이바(절개)도 1 cm 정도 줄인다.

6 앞 다트 부분 중심만 강조하여 조금 더 줄인다.

7 좁아진 주머니 부분 시접을 잘 펴서 바르게 놓고 녹는 심지(매직테이프)와 일반 심지테이프를 이용하여 붙여 준다.

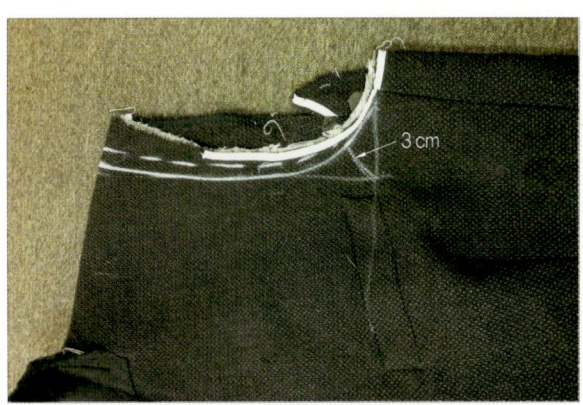

8 어깨 부분을 줄이려고 한다. 직선을 긋고 원형이 3 cm 차이가 나면 좋다.

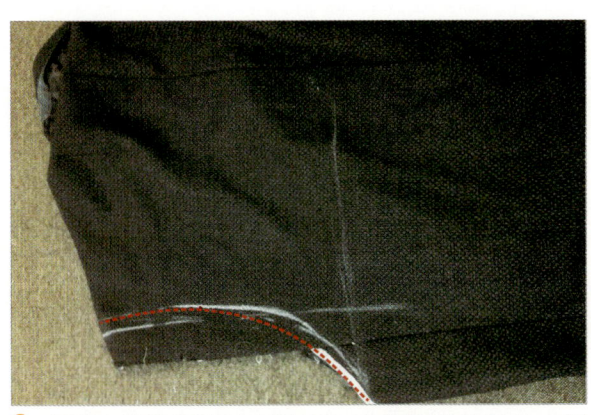

9 뒤판도 같은 방법으로 줄이되 겨드랑이에서 약 7 cm 되는 부분을 1~2 cm 크게 자른다(빨간색 부분).

10 3에서 뒤판을 줄이므로 칼라 부분이 여유가 생겨 몸판을 조금 잘라 내어 칼라와 몸판 길이를 맞춘다. 빨간색 선은 녹는 심지를 붙여 줄 선이다.

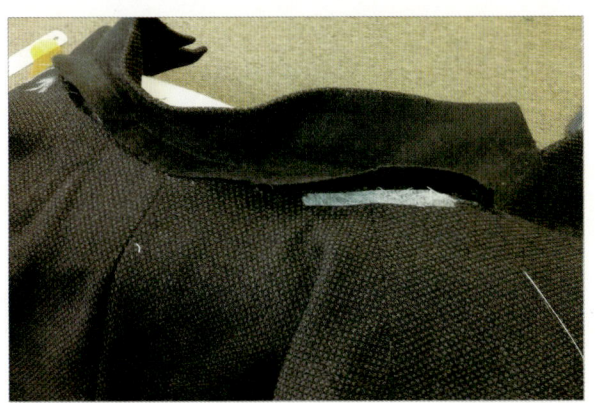

11 칼라와 몸판 사이에 녹는 심지를 넣고 다림질하여 붙여 준다.

12 11을 전체적으로 새발뜨기를 꼼꼼하게 해 주면 칼라 완성이다.

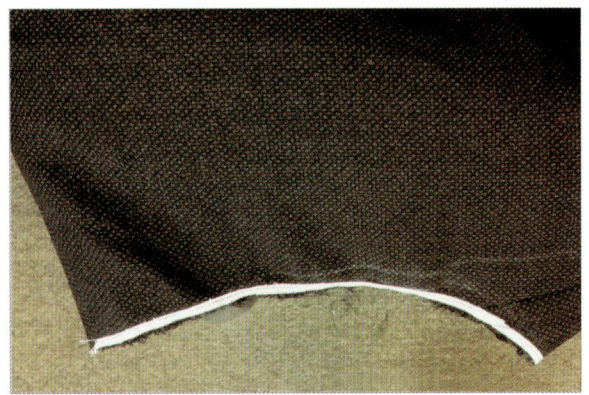

13 암홀 부분이 늘어나지 않도록 0.5 cm 테이프를 붙여 준다(겉감).

14 지금까지 작업한 것을 가름솔 다림질하면 몸판 완성이다.

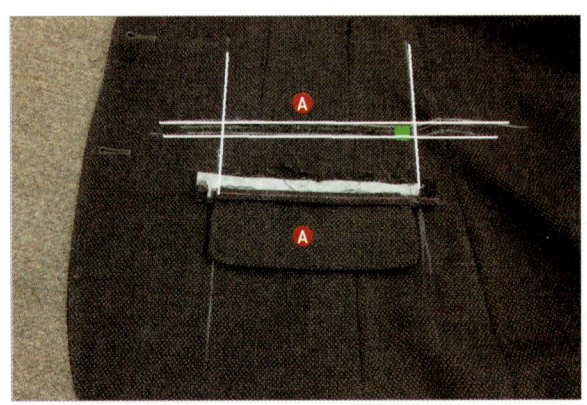

15 7에서 작업한 주머니를 다시 만들려고 한다. ⓐ부분의 크기를 정확하게 하고, 선은 길게 그리는 것이 좋다. 연두색 부분의 폭은 1.3 cm이다.

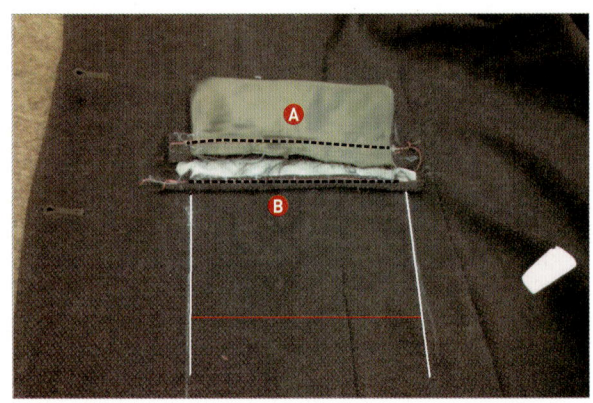

16 15의 연두색 간격에 맞추어 ⓐ, ⓑ를 박음질한다.

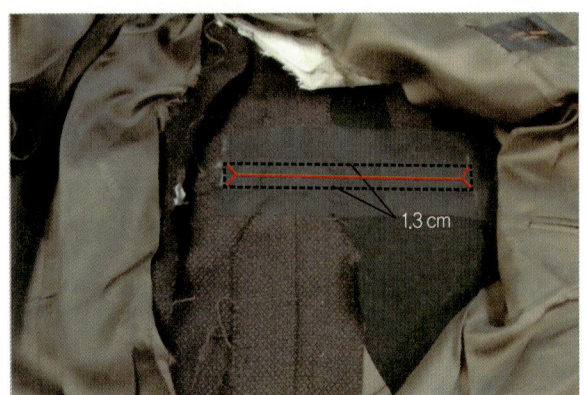

17 16에 박음질된 것을 뒤집어 빨간색 선 모양으로 잘라 낸다. 폭은 1.3 cm이며 길이는 16 주머니 ⓐ의 끝 길이이다.

18 17을 서로 뒤집으면 이와 같이 된다. 빨간색 선 안쪽에 주머니덮개가 들어 있어 빼내면 된다.

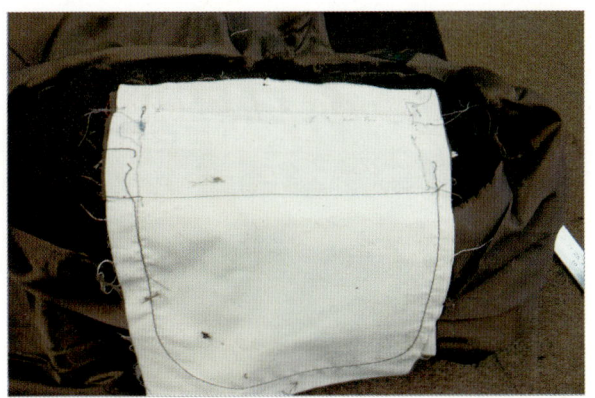

19 안쪽에서 안감주머니를 달아 준다.

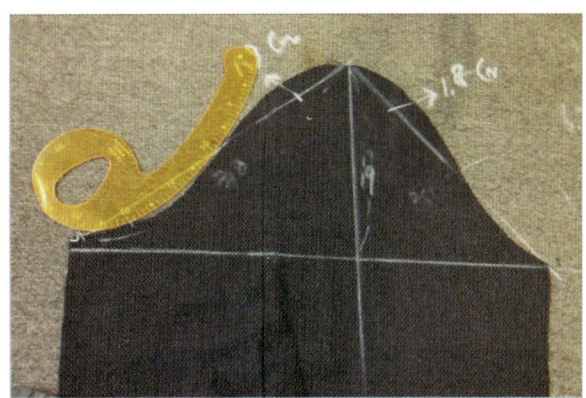

20 몸판 암홀 사이즈에 맞게 소매 재단을 한다(민소매 팔 만들기 참고).

21 소매산은 봉제실을 잡아당겨 볼륨을 만들고 원단을 덧대어 고정시킨다.

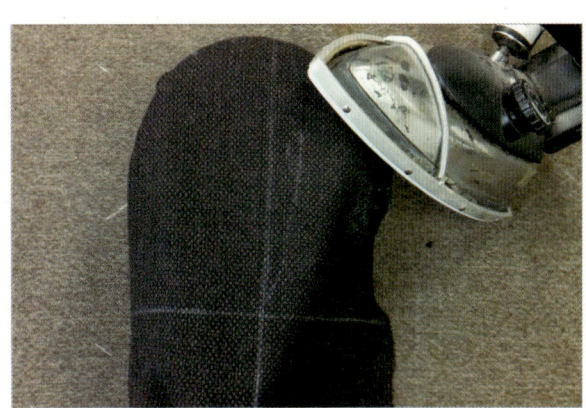

22 쇠 모양 틀에 놓고 모양을 잡는다.

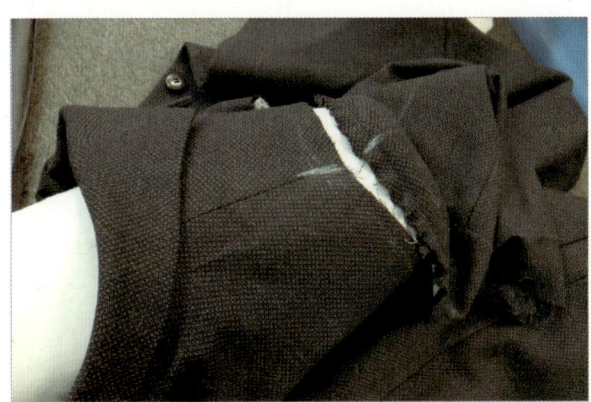

23 어깨 중심선을 맞추어 안쪽에서 소매를 위쪽에 올려 놓고 돌려 박음질한다.

24 완성된 모습이다. 어깨가 맞는 옷이라면 몸판만 수정 하면 된다.

재킷 리폼

양복 소매길이 리폼

1 변경 전 전통적인 소매이다.

2 변경하고자 하는 위치를 선정한다.

3 잘라 낸다. 이때 안감은 자르지 않고 그대로 사용한다.

4 입지 않는 재킷 팔을 사용하기도 하고, 다시 만들기도 하지만 시접을 포함해서 잘라야 한다.

5 시접을 남기고 잘라 낸 모습이다.

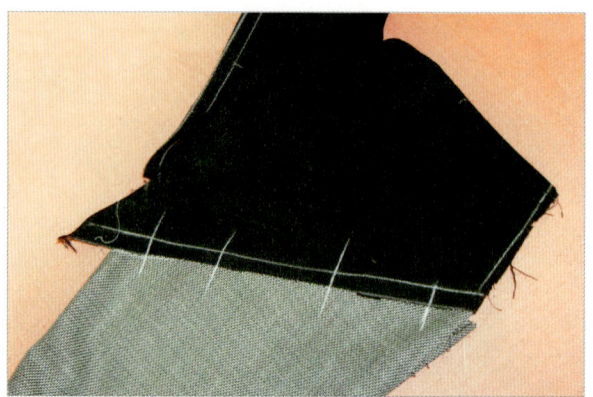

6 되도록 여러 곳을 서로 표시하여 박음질할 때 밀려나지 않도록 한다.

7 시접을 정확히 표시하고 **6**의 표시선을 맞추어 시접선을 따라 박음질한다.

8 봉제선을 따라 가름솔로 다림질한다.

9 팔통 부분을 분리했던 곳은 원래 선을 따라 박음질한다.

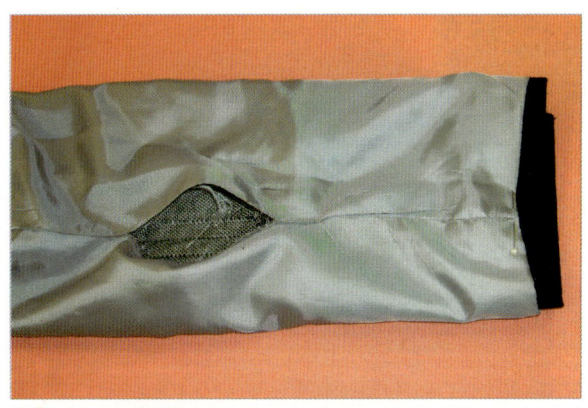

10 안감 팔통을 분리하고 소매 끝부분에 핀을 꼽아 분리된 부분으로 들어가 박음질한다.

11 분리된 안감 속으로 들어가 박음질하고, **10**의 분리된 구멍으로 나와 뒷마무리한다.

12 완성된 모습이다. 팔과 함께 위 주머니 색도 교체하면 좋다.

재킷 리폼

양복 소매 디자인 리폼

1 2장의 양복을 각각 변경하려면 사이즈가 같아야 한다.

2 2장의 양복 어깨를 각각 분리한 모습이다.

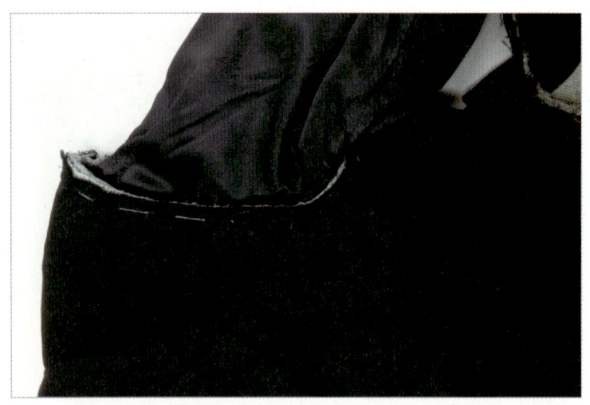

3 어깨 부분의 뽕을 분리하고 움직이지 않도록 시침질을 한다.

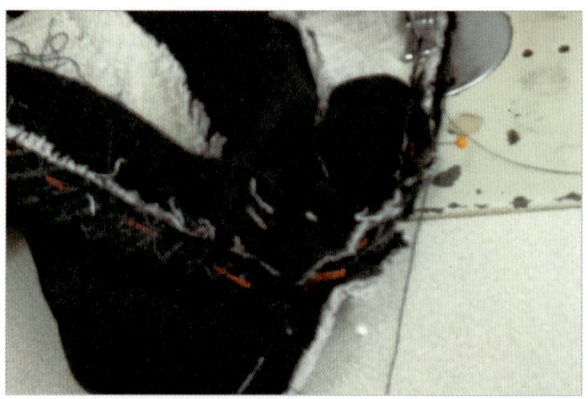

4 어깨 중심선을 맞추어 윗부분 3분의 1 정도 박음질하고 나머지 부분은 안감의 몸판 옆구리 부분을 분리하여 안쪽에서 박음질해 준다.

5 포켓 부분을 각각 분리한 모습이다. 포켓 부분은 분리하기 전 서로 사이즈가 같은지 꼭 확인해야 한다.

6 양쪽 끝이 잘 맞도록 핀으로 고정하고 박음질한다.

7 생긴 모양을 그대로 잡아 다림질한다.

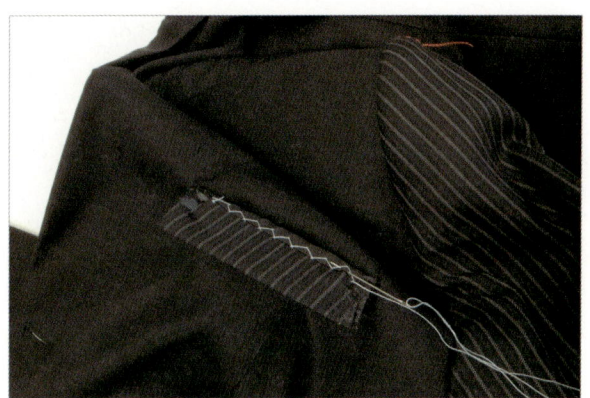

8 주머니 안쪽 부분은 박음질하기가 불편하므로 손바느질로 처리한다.

9 주머니 끝부분에 녹는 심지를 놓고 덮어 다림질하여 움직이지 않도록 고정한다.

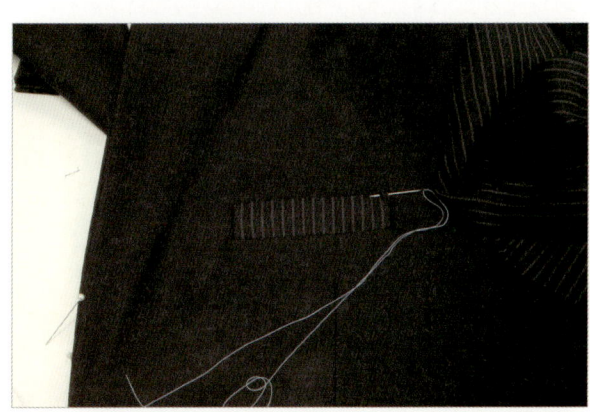

10 고정된 양쪽 부분을 같은 색 실로 꼼꼼히 손바느질 처리한다.

11 전혀 다른 느낌의 2벌 옷이 된다. 되도록 안감은 분리하지 않도록 하는 것이 좋다.

양복 앞판 디자인 리폼

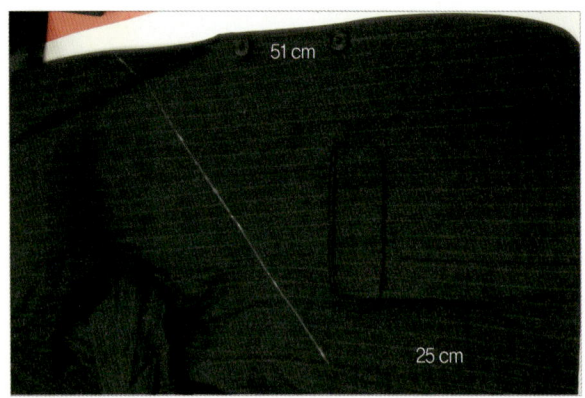

1 2장의 양복으로 앞판 디자인을 변경하려고 한다. 분리하고자 하는 사이즈를 그린다.

2 또 다른 양복은 1 사이즈보다 각 2 cm씩 크게 잘라 내어 여유분 시접으로 사용한다.

3 1의 모양대로 자를 때 심지는 분리하여 자르지 않는 것이 좋다.

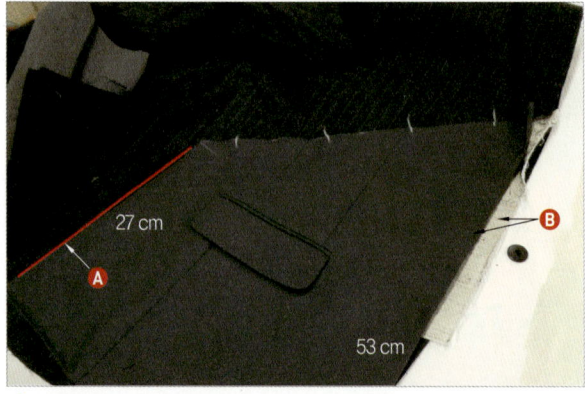

4 붙여줄 때 겉면에서 서로 표시선을 그려 박음질한다. ⓑ는 6에서, ⓐ는 9에서 작업할 부분이다.

5 4 표시선에 맞추어 핀으로 고정하고 박음질한다.

6 4 사진에서 ⓑ 부분을 뒤집어 박음질하는 모습이다.

7 밑 길이 부분 안감은 타원형이고 새로 붙이는 겉감은 직선이므로 타원형으로 마무리하고 잘라 낸다.

8 7의 박음질 부분을 겉감 쪽으로 시접(여유분)을 0.3 cm 정도 접어서 다림질하면 겉면이 깔끔하다.

위 칼라 부분 변경

9 4에서 Ⓐ를 뒤집어 박음질하면 몸판 완성이다.

10 위 칼라를 분리한다.

11 분리된 칼라를 본뜨기한다. 이때 뜯어 낸 칼라는 시접을 펴지 않고 현재의 모양을 그대로 본뜨기하고 여유분을 정확히 1 cm씩 주면 좋다.

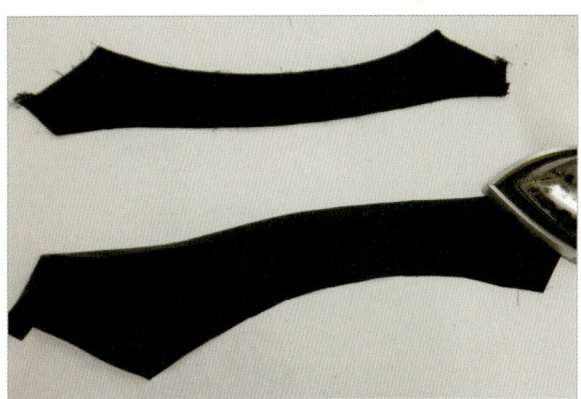

12 심지를 붙이고 본을 뜬 칼라는 선을 따라서 다림질한다.

13 칼라를 분리된 위치에 놓고 꼼꼼히 표시하여 박음질할 때 밀리지 않게 한다.

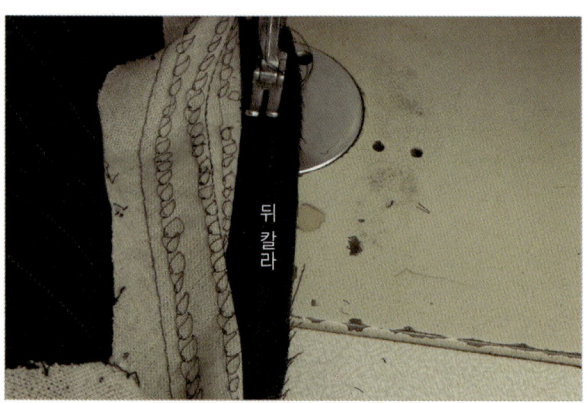

14 13에 표시된 칼라를 박음질할 때 칼라 부분을 위에 놓고 다림질 선을 따라 다림질하면 좋다.

15 칼라 부분의 시접을 펴서 그 위에 녹는 심지를 놓는다.

16 새로 만든 칼라를 올려놓고 다림질하여 녹는 심지로 고정되도록 한다.

17 녹는 심지로 고정하고 고정된 부분을 안쪽으로 들어가 박음질한다.

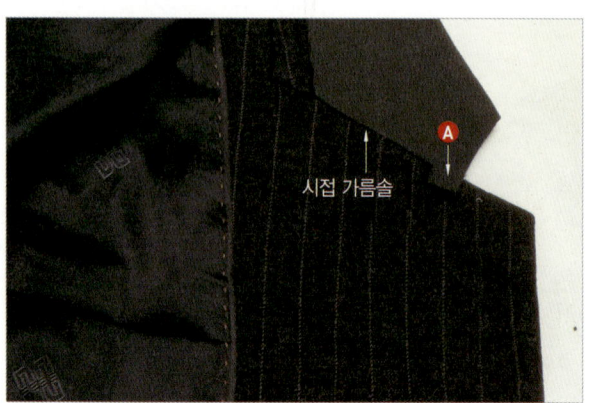

18 고정하기 위하여 붙여 두었던 시접 부분을 분리하여 가름솔로 다림질하고, ④부분은 송곳으로 집어 넣고 녹는 심지로 마무리한다.

19 새로 만든 칼라 옆부분에 녹는 심지를 얇게 놓는다.

20 다리미로 고정시킨다.

21 흰색 선 부분을 빨간색 선 방향으로 들어가서 박음질한다.

23 칼라와 몸판이 완성된 모습이다.

22 21의 빨간색 선 부분은 새발뜨기를 아주 꼼꼼하게 해서 마무리한다.

오른쪽 어깨 부분 교체 방법은 양복 소매 디자인 리폼 참고

테일러 재킷 칼라 수선

1 수선 전 테일러 칼라 모습이다.

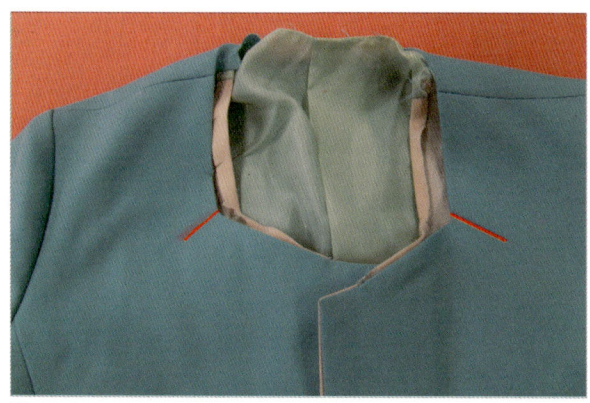

2 빨간색으로 표시된 부분은 윗부분 칼라가 붙어 있던 곳이다. 이곳까지 차이나 칼라를 붙인다.

3 2의 목 라인에 핑크색으로 표시한 곳의 둘레를 재고(시접 포함) 폭을 5 cm로 재단한다.

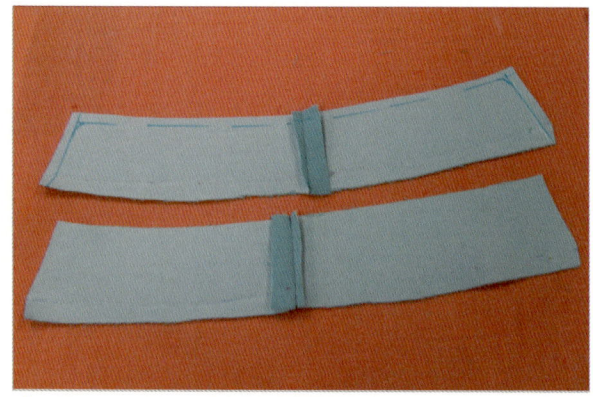

4 앞뒤 각 1장씩 재단된 모습이다.

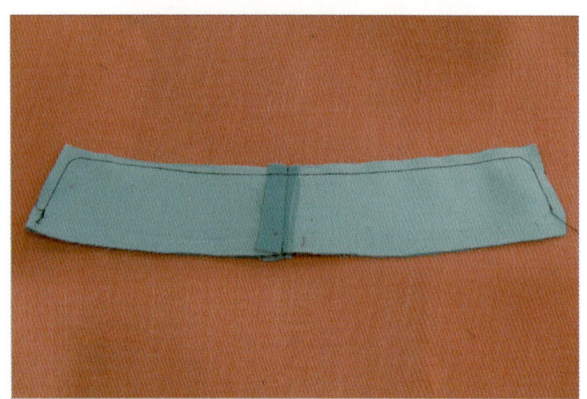

5 칼라 모양을 따라 박음질된 모습이다. 둥근 모양을 박음질할 때는 선을 따라 손으로 돌려가면서 박음질하면 좋다.

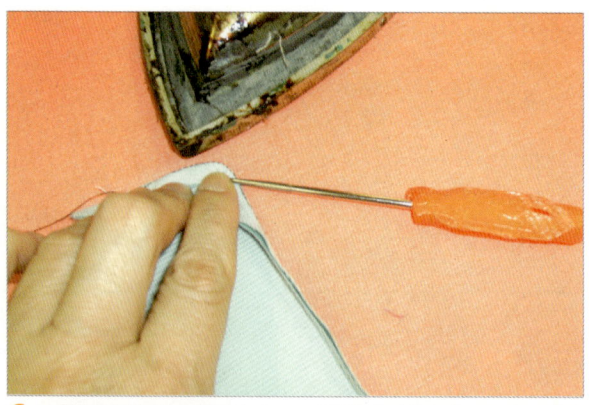

6 겉면을 위로 정하여 놓고 박음질 선보다 1 mm 정도 안쪽으로 다림질하면 겉면이 깔끔하게 처리됨을 볼 수 있다.

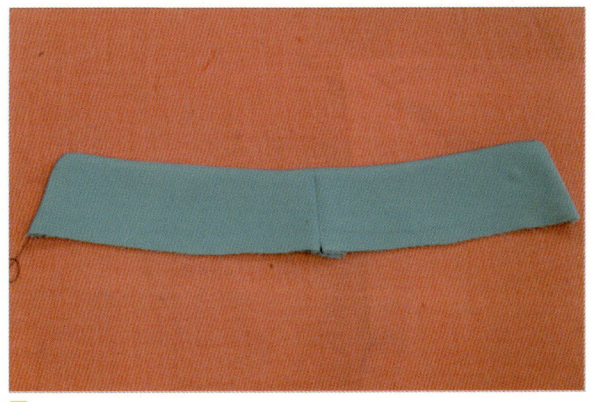

7 겉면이 깔끔하게 처리되어 뒷면이 보이지 않는다.

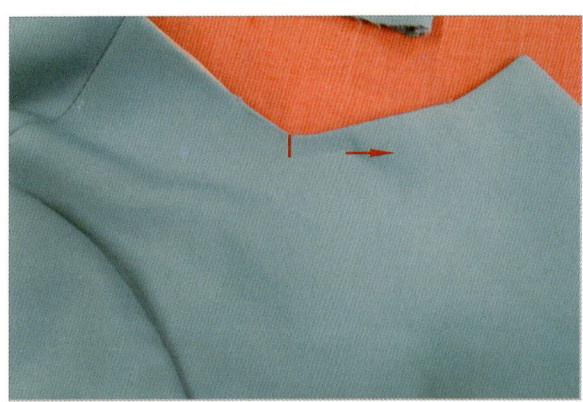

8 화살표 부분은 이미 안쪽에서 박음질되어 있으니 박음질하지 않는다.

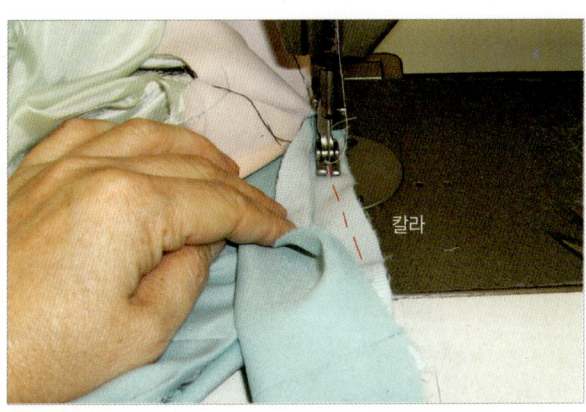

9 칼라는 8 빨간색 선부터 약 10 cm 정도 좌우를 먼저 박음질하고 나머지 뒤 중심 박음질하면 남고 모자라는 것을 정리하기에 좋다.

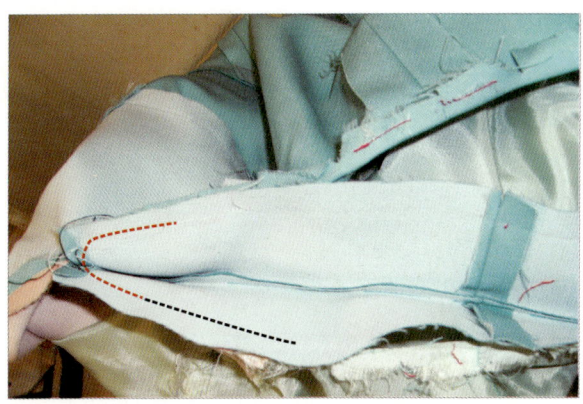

10 칼라를 안감과 겉감에 따로 박음질한 모습이며, 좌우 같은 방법으로 하고 뒷면은 맨 나중에 박음질한다.

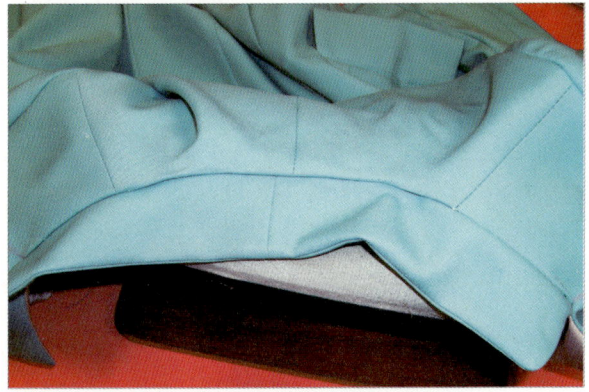

11 뒤집어 완성된 모습이다. 칼라가 움직이지 않도록 안쪽에서 시접끼리 고정해 준다.

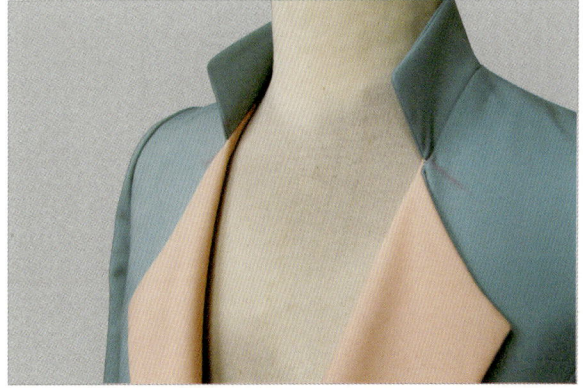

12 완성된 모습이다.

핸드메이드 코트 칼라 리폼

1 변경 전 칼라이다.

2 칼라를 분리한 모습이다.

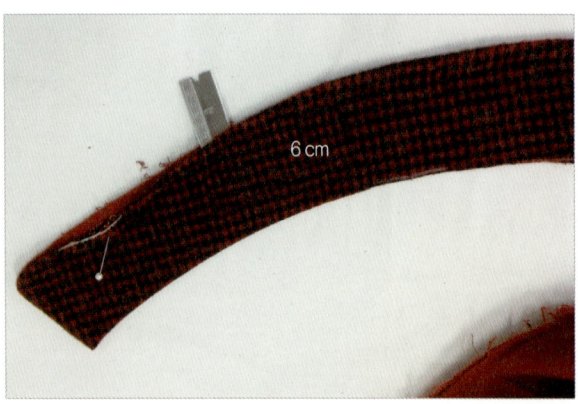

3 핸드메이드는 끝부분을 갈라 보면 한 장이 두 장으로 분리된다. 칼라 폭은 6 cm로 한다.

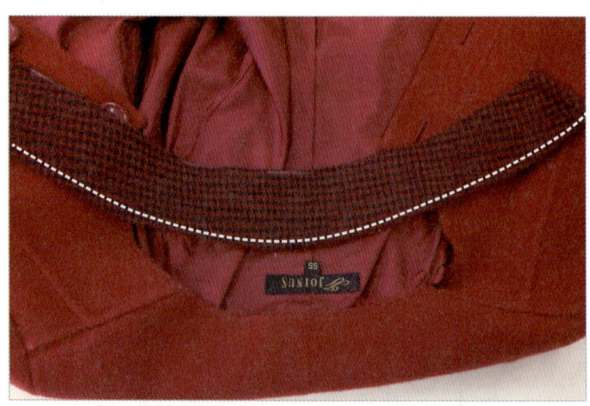

4 흰색 표시된 부분은 2의 흰색 부분이며, 이곳은 미리 분리되어 손으로 감침질되었던 곳이다. 이곳을 뜯어 몸판의 뒷목 부분에 연결하려고 한다.

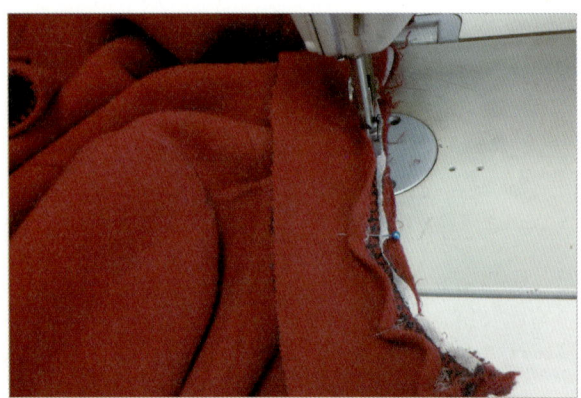

5 연결할 때는 갈라진 한쪽 면을 몸판의 목 부분에 박음질한다. 이때 미싱으로 박음질되는 부분은 겉면이 되어야 한다.

6 5의 반대편으로 칼라가 분리되었던 부분의 끝이 접혀져 있다. 핀으로 위치 고정을 한다.

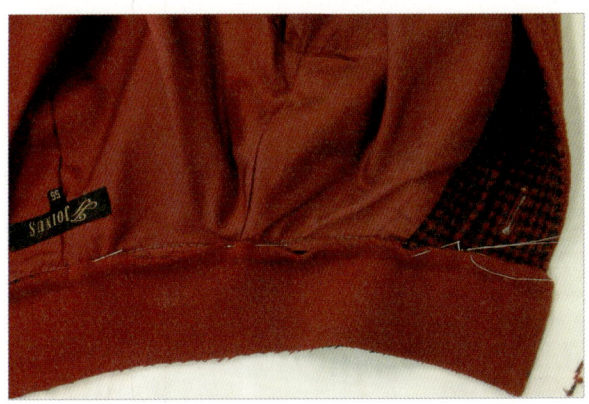

7 핀 부분을 따라가며 꼼꼼히 감침질로 손바느질을 한다. 흰색 실을 사용하였는데 박음질 표시가 나지 않는 것은 꼼꼼하게 바느질을 했기 때문이다.

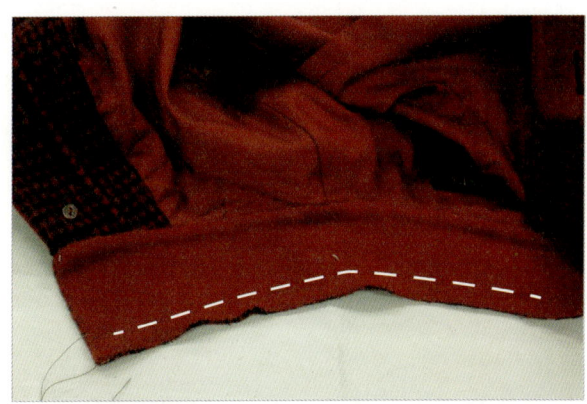

8 칼라 끝부분을 가장 넓은 땀으로 1.2 cm 정도 박음질을 한다.

9 박음질 선까지 원단을 갈라서 벌려 준다.

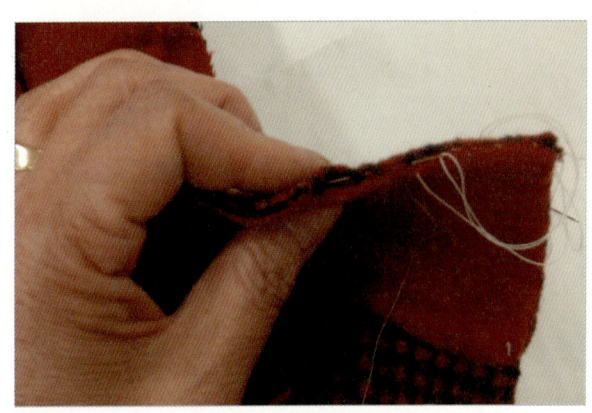

10 벌려 준 원단을 서로 안쪽으로 접어서 감침질로 손바느질을 꼼꼼히 해 주면 완성이다.

11 완성된 앞면 모습이다.

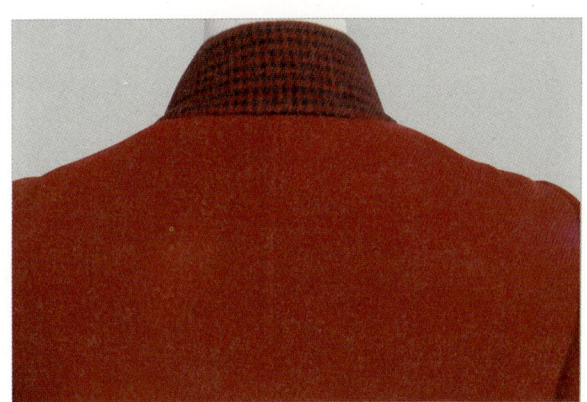

12 완성된 뒷면 모습이다.

더블 재킷을 점퍼로 리폼

1 변경 전 더블 재킷이다.

2 재킷의 양옆을 포개어 앞부분을 똑바로 잘라 준다.

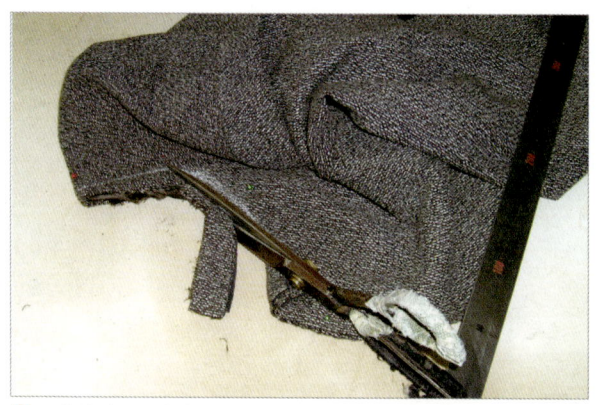

3 양옆이 똑같이 되도록 포개서 목 라인을 라운드로 자른다.

4 목 라인에 늘어지지 않도록 0.5 cm 테이프를 붙인다. 알아보기 쉽도록 흰색을 올렸으나 실제는 검은색을 사용한다.

5 목 라인을 겉감과 안감을 합쳐서 박는다.

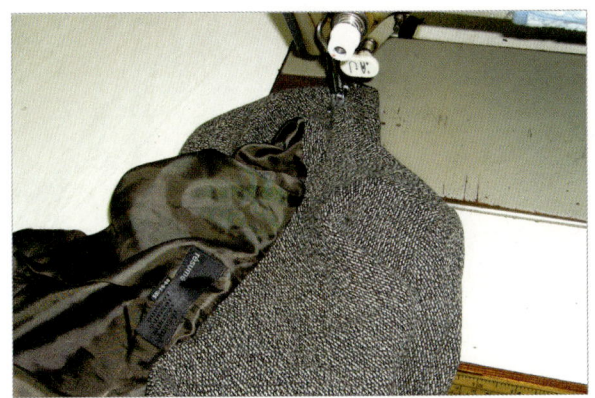

6 안감이 겉으로 밀려나지 않도록 안감 쪽에서 시접을 포함하여 끝을 박아 준다.

7 소매와 길이를 원하는 만큼 자른다.

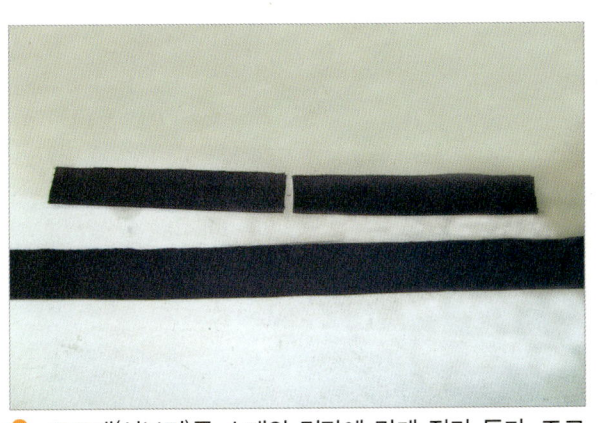

8 조르개(시보리)를 소매와 밑단에 맞게 잘라 둔다. 조르개는 접어서 사용하므로 넉넉히 계산해서 자른다.

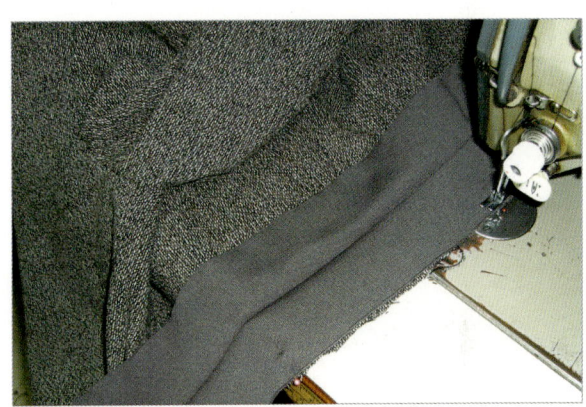

9 조르개를 붙일 때는 안감과 겉감에 따로 붙여 주는 것이 좋다.

10 조르개를 소매와 밑단에 박은 모습이다. 앞부분에 지퍼를 달아 완성한다.

11 완성된 점퍼이다.

재킷 리폼 191

양복 어깨산 디자인 리폼

1 어깨 부위를 변경하려고 한다.

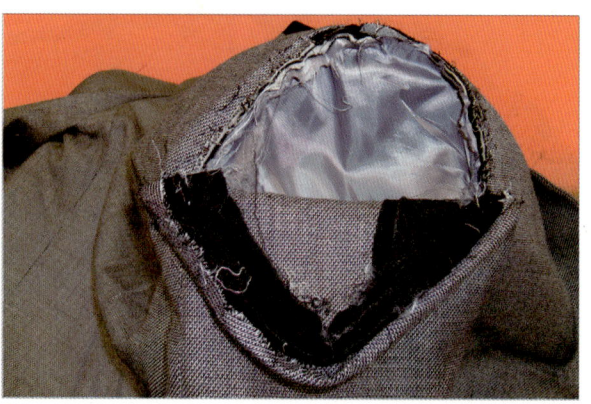

2 어깨를 모두 뜯어 내지 않고 아랫부분은 되도록 붙여 주는 것이 좋다.

3 표시 분량을 잘라 내려고 한다. 이때 팔쪽 어깨 부분에 붙어 있는 심지는 빼고 겉감만 잘라 내야 한다.

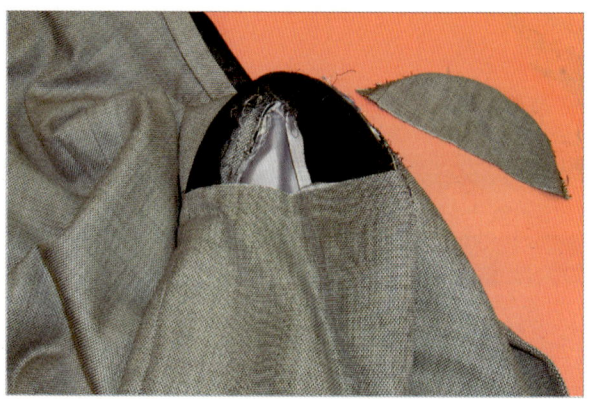

4 겉감만 잘라 낸 모습이다. 검은색은 팔 부분에 붙어 있던 심지이다.

5 가죽이나 다른 원단을 이용하여 아래 시접 여유분 2cm를 남기고 잘라 낸다.

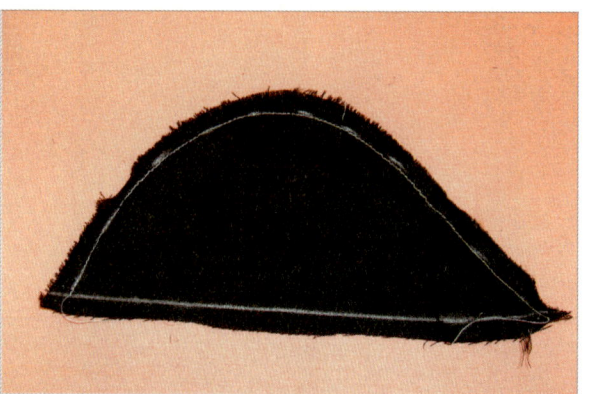

6 위 타원형 부분은 박음질할 곳이며, 아랫선은 여유분 2cm이다.

7 위 타원형 부분의 봉제실을 잡아당겨 주름지지 않은 계란과 같은 타원형을 만든다.

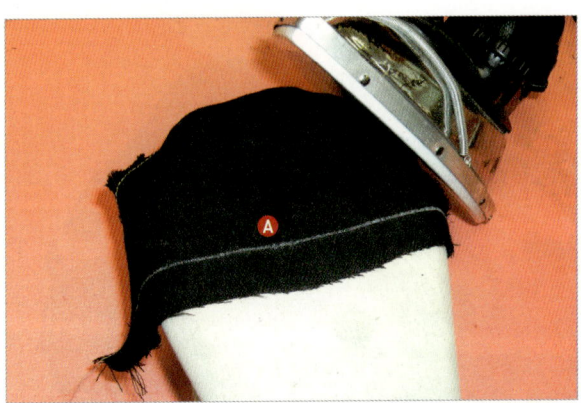

8 타원형 부분을 모양틀에 놓고 다림질해 준다. Ⓐ부분 아래는 여유분이다.

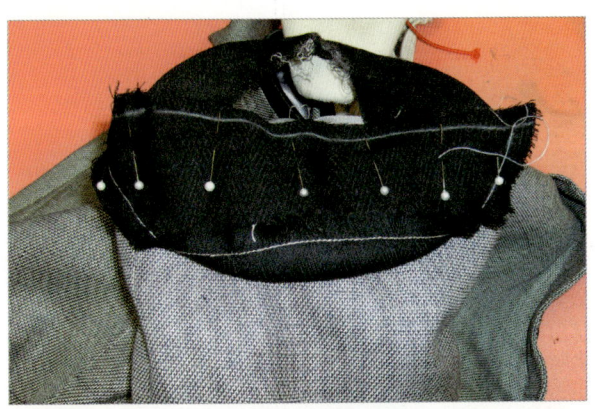

9 검은색 여유분 2cm 중 1cm를 회색과 함께 박음질하면 검은색 1cm가 회색 1cm를 채워주게 된다.

10 박음질 선을 가름솔 다림질한다. 빨간색 선이 봉제선이다.

11 모양틀 위에서 다림질로 모양을 다시 만들어 준다.

12 소매쪽에 **4**에서 분리된 심지를 **7**의 시침선을 따라 시침하여 붙여 준다.

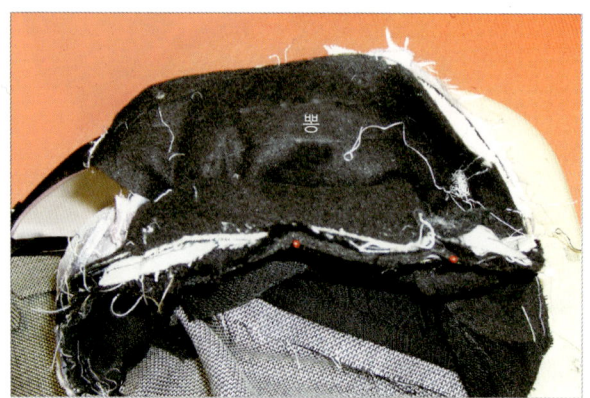

13 어깨를 박음질할 때는 뽕과 함께 박음질하지 않고 봉제 후 따로 손으로 시침한다.

14 분리했던 어깨를 핀으로 고정하고 팔을 위로 올려 박음질한다.

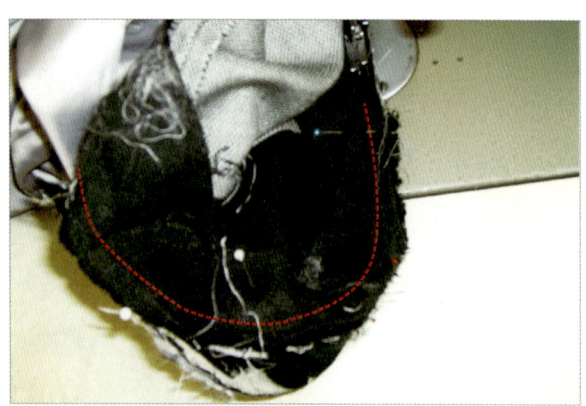

15 어깨를 박음질할 때는 시접을 맞추어 **12**의 시침선을 따라 박음질해야 겉면에서 예쁘게 된다.

17 완성된 모습이다.

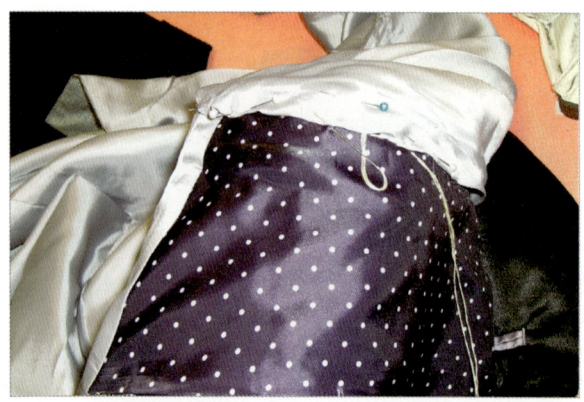

16 어깨를 박음질하기 위하여 분리된 안감 부분을 손바느질로 꼼꼼히 마무리하면 된다.

가장 중요한 포인트는 **7**, **12**, **15**의 시침선이 일치하는 선의 어깨를 박는 것이 매우 중요하다. 다양한 색이나 원단으로 연출이 가능하며 앞 포켓 부분도 같이 변경해 주면 좋다. 양복 소매 디자인 리폼 참고.

더블 재킷 양복을 싱글 재킷 양복으로 리폼

1 변경 전 더블 재킷 양복이다.

2 양복을 놓고 단춧구멍 끝에 자를 대고 선을 그린다.

3 선을 그린 모습이다.

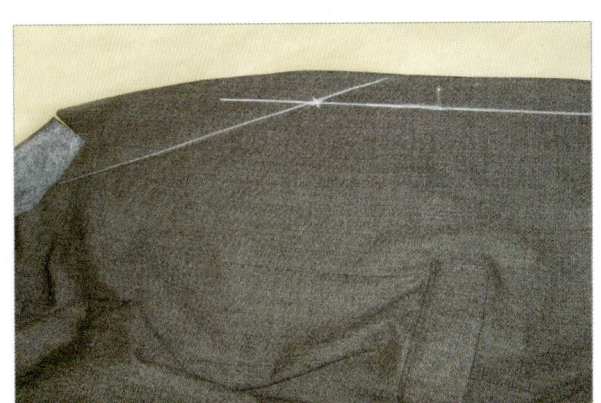

4 칼라를 엎어 놓고 3에서 그린 그림을 연장해서 그린다. ×표된 곳은 3 그림의 끝부분이다.

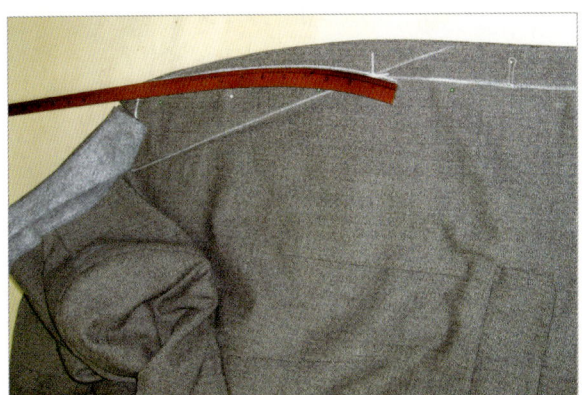

5 ×표된 곳에 곡선자를 놓고 그 위로 그림을 그려야 곡선이 예쁘게 된다.

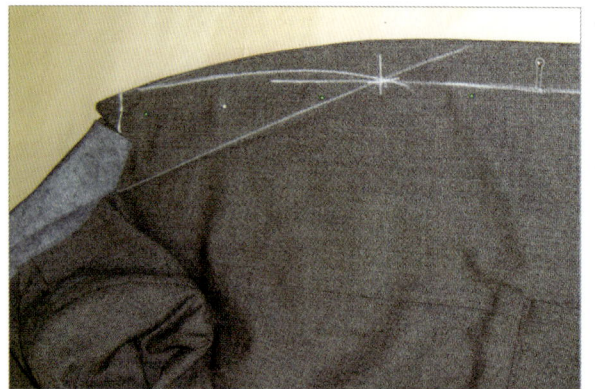

6 곡선이 그려진 모습이다.

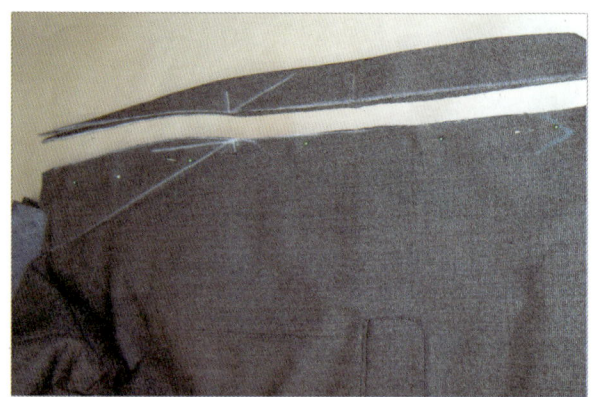

7 그려진 모양대로 잘라 낸 것이다.

8 안쪽으로 벌려서 늘어나지 않도록 직선테이프를 붙인다.

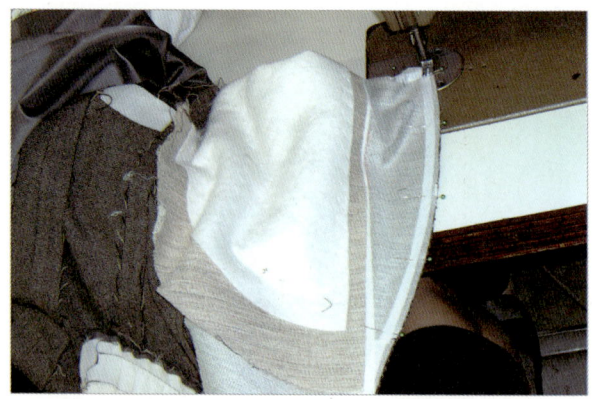

9 핀으로 고정하고 8을 합쳐서 박음질을 한다.

10 앞쪽 밑단 부분은 원형을 준비하여 그대로 그려 준다. 원형은 고치지 않은 옷의 본을 흰종이에 떠서 사용한다.

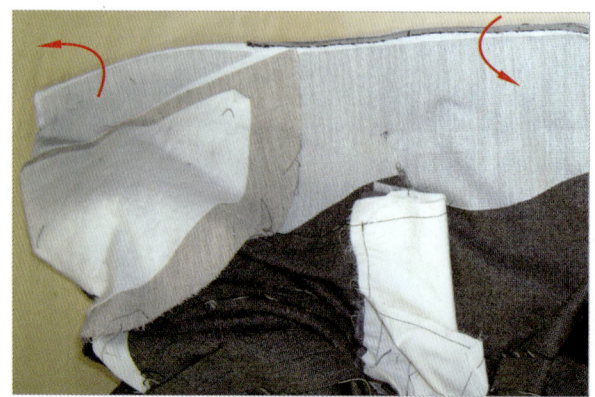

11 박음질한 후 칼라 시접은 안감 쪽으로, 몸판 시접은 겉감 쪽으로 접어서 다려 놓은 것이다.

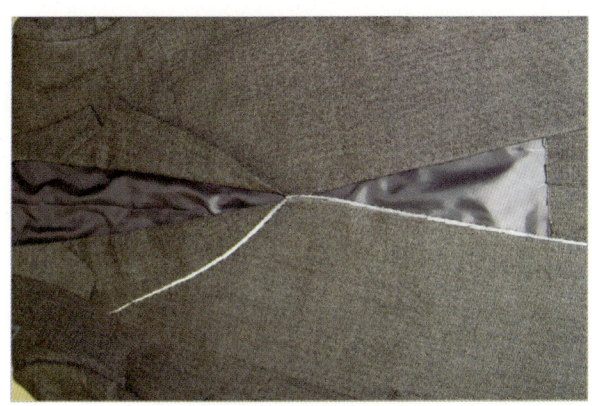

12 11과 같이 다림질한 후 뒤집어 다시 다림질한다. 양쪽을 똑같은 방법으로 하면 된다.

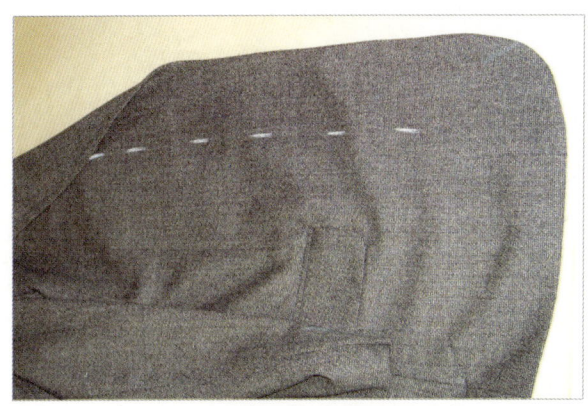

13 완성한 후 표시된 부분을 안쪽에서 보이지 않게 시침을 해 주어야 들뜨지 않고 맵시가 난다.

14 완성된 싱글 재킷 양복이다.

체크 원단은 뒤쪽 칼라를 자를 때 앞뒤 무늬가 다르므로 꼭 앞에서 잘라야 한다.

일자 재킷에 허리 라인 넣기

1 변경 전 일자 재킷이다.

2 재킷에 허리 라인을 그린다. 이때 똑바로 그리는 것이 중요하다.

3 모양대로 겉감만 잘라 낸다. 자를 때는 원하는 너비보다 2 cm를 적게 잘라야 시접이 된다.

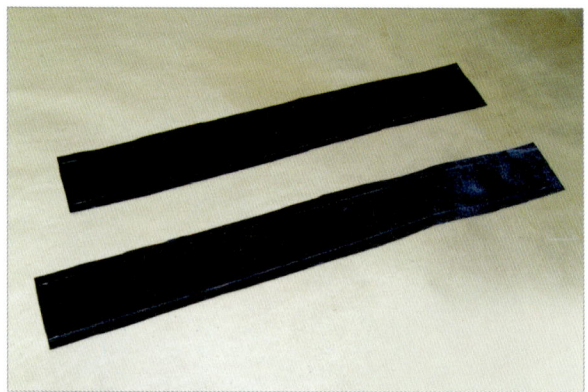

4 원단을 선택하여 띠를 만든다. 띠는 원하는 너비보다 2 cm를 넓게 하여 시접으로 사용한다.

5 안에서 띠를 박은 모습이다. 위아래를 먼저 박고 양옆을 박아 준다.

6 띠를 부착하기 위해 뜯어 놓은 곳 양옆을 박는다.

7 앞부분도 함께 라인을 맞추어 준다. 길이를 잘라 냈기 때문에 그렇게 해야 한다.

8 앞면과 같이 뒷면의 길이도 잘라 낸 것이다.

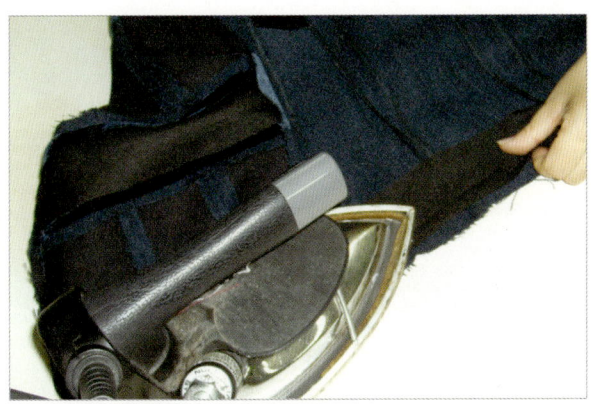

9 밑단 부분은 심지를 밑단보다 1cm 크게 붙여 주고 시접은 1cm 남기고 쭉 박아 주면 된다.

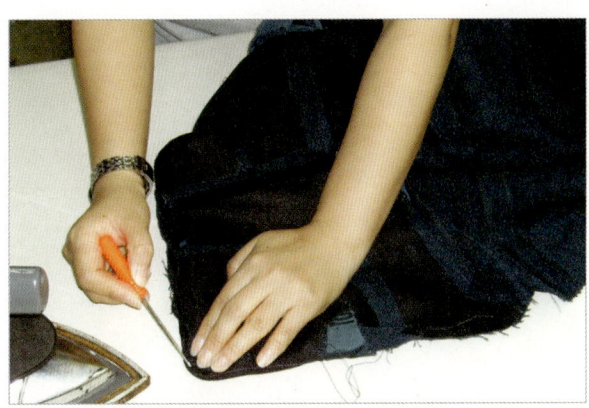

10 앞 라인 부분은 송곳을 사용하여 손가락으로 누르고 그 위에 다림질하여 자리 잡히면 뒤집어 주어 밖에서 다림질하여 마무리한다.

11 완성된 재킷이다.

재킷 뽕소매, 일반 소매 만들기

1 어깨에 뽕이 많이 들어간 재킷이다.

2 한쪽을 분리한 모습이다.

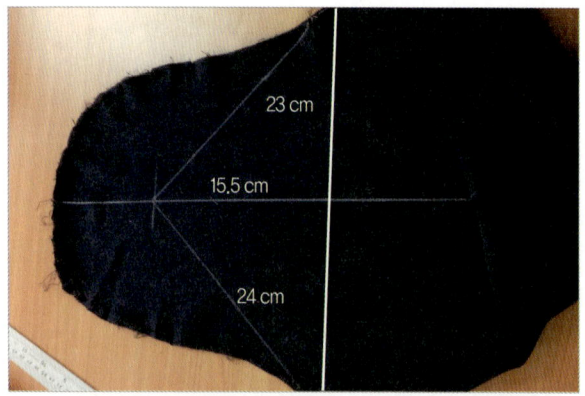

3 뜯고 보니 소매산이 너무 높다. 이것을 몸판 암홀 앞뒤를 재서 위와 같이 사이즈를 따라 그린다.

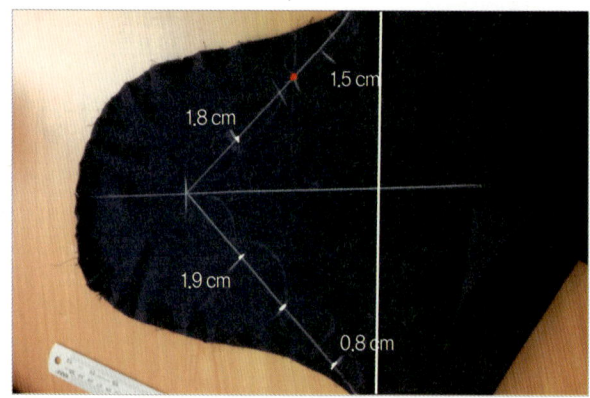

4 각 4등분점을 그리고 앞부분 중심에서 1cm 점을 아래로 하나 더 그린다(빨간점).

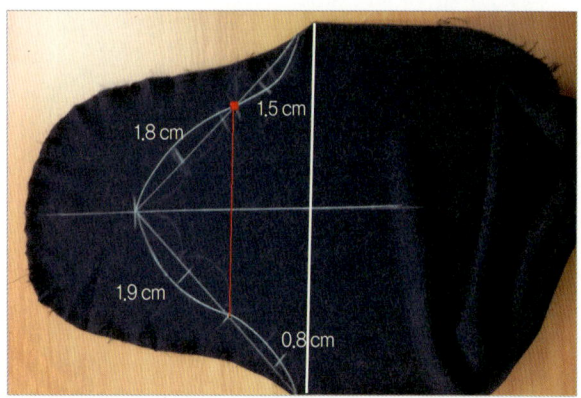

5 4등분을 표시하고 곡선을 그릴 때는 빨간색 선을 통과한다.

6 곡선을 따라 시접 1cm를 남기고 자른다.

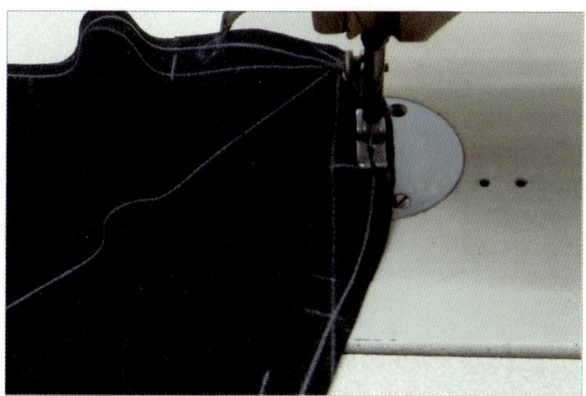

7 시접선을 따라 박음질한다. 이때 땀수를 키우지 않고 그대로 하는 것이 좋다.

8 박음질 선을 살살 잡아당겨 여유있는 계란 모양을 만들어 준다. 땀수를 크게 하여 박음질하면 잡아당기기는 쉽지만 박음질할 때 밀려서 다시 늘어나는 현상을 보인다.

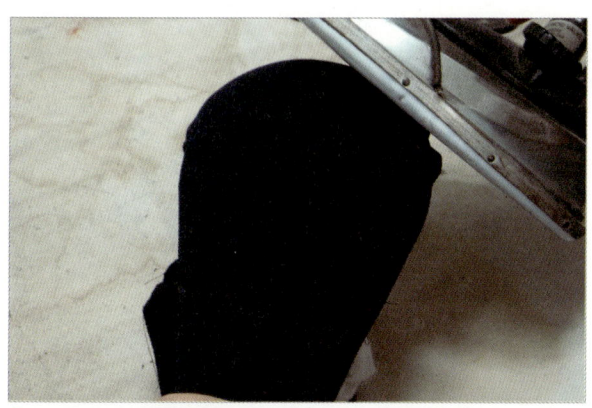

9 당겨진 것을 모양틀에 올려놓고 위에서 아래로 다림질하며 모양을 잡는다.

11 수선이 완성된 모습과 원형 모습의 비교이다.

10 팔과 몸판을 핀으로 고정하여 박음질하면 완성이다. 이때 혹시 소매통이 모자라면 소매통을 조금 늘리거나 몸판을 조금 줄여 주면 된다.

재킷 뽕소매를 일반 소매로 만들게 될 때 소매길이가 줄어드는 현상이 올 수 있다. 소매 재단법은 민소매 팔 만들기 참고.

PART 10

가죽 밍크 코트 리폼

가죽 재킷 품 늘리기

1 품이 작은 가죽 재킷이다.

2 옆판 절개(사이바)에서 한 판을 뜯어 낸다.

3 니트 원단을 분리한 가죽의 모양과 같게 재단한다. 니트의 탄력성 때문에 조금만 크게 해도 충분하다.

4 니트를 아래에 놓고 양면테이프를 붙여 위에서 가죽을 눌러 고정한다.

5 4의 고정된 부위를 눌러 박음질하면 깔끔하게 된다.

6 완성된 모습이다. 이 방법은 모든 옷에 다양하게 이용할 수 있다.

가죽 재킷으로 가방 만들기

1 변경 전 칼라 부분이 낡은 가죽 재킷이다.

2 앞주머니를 그대로 이용하여 가방을 만들려고 자른다.

3 잘라 낸 좌우 주머니를 서로 마주보고 박음질한다. 시접은 딱풀을 발라서 가름솔로 처리한다.

4 3 작업 후 윗부분이 단춧구멍으로 짧아져 가죽을 덧대 주려고 한다.

5 4의 뒷모습이다. 반대편은 단춧구멍이 없으므로 등판을 그대로 사용하여 길이를 늘리지 않았다. 포개어 양 옆을 박음질한다.

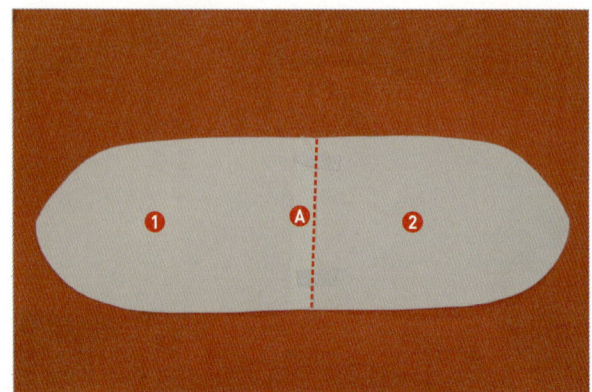

6 아랫부분에 박을 부분을 종이로 먼저 재단을 하고 둘레 맞추기가 어려우면 Ⓐ부분을 절개하여 ❶과 ❷ 부분을 박음질한 후 폭의 남고 모자람을 Ⓐ부분에서 조정해도 된다.

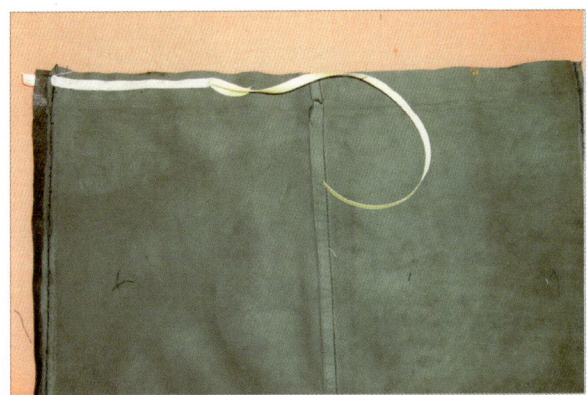

7 가방 몸판에 단면접착심지를 붙여 밑판을 박음질할 때 늘어나지 않게 한다.

8 밑판은 심지를 붙이고, 박음질할 때는 밑판을 위에 올려놓고 박음질하는 것이 좋다.

9 밑은 한 번 더 위에서 눌러 박음질하는 것이 좋다.

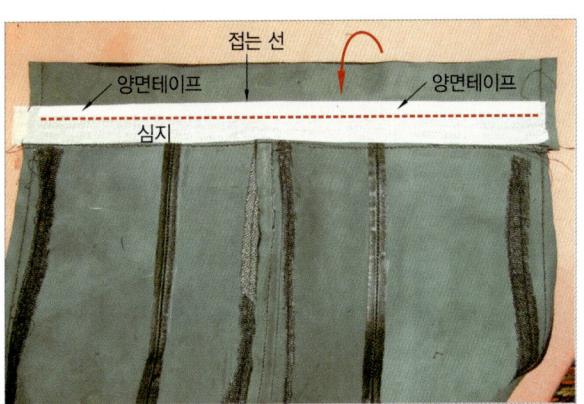

10 화살표 방향으로 접어 줄 때 심지를 붙이고 심지 윗부분에 양면테이프를 붙여 직선으로 바르게 접착되도록 한다.

11 뒤판 보조주머니 만들기이다. 입구 부분은 접착심지를 붙여 접어 준 모습이다.

12 보조주머니를 붙일 때 양옆 사방에 양면테이프를 붙이고 위에서 눌러 박음질한다.

안감 만들기

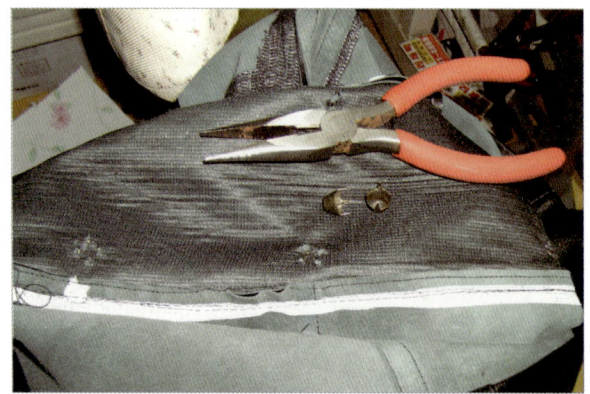

13 아래(밑) 부분에 핀침을 박아 표면이 직접 바닥에 닿지 않게 한다.

14 지퍼에 눌러 박음질되도록 원단을 1cm 접어 다림질 한다.

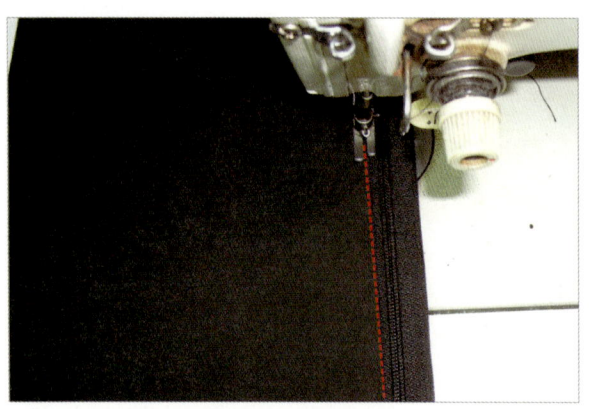

15 주머니와 지퍼를 눌러 박음질한다.

16 지퍼를 열어서 물건이 들어갈 수 있도록 박음질한다.

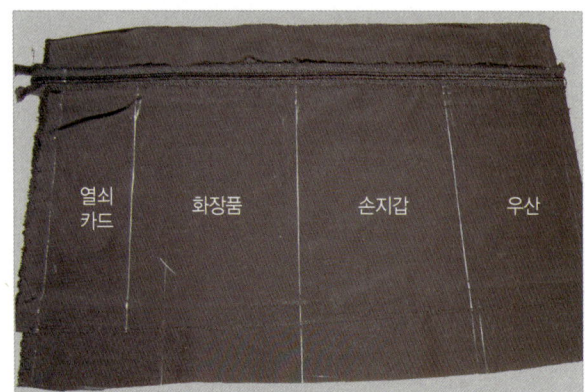

17 지퍼 바로 아래에 다양한 수납 공간을 만들면 좋다.

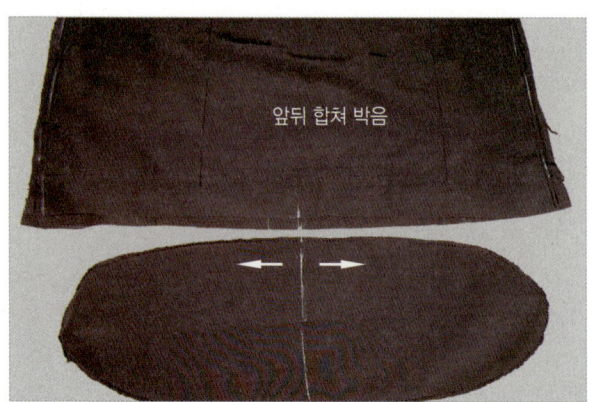

18 앞뒤판 합친 것과 안감 밑판을 연결시킨다.

19 완성된 것을 겉감 입구와 안감 입구가 서로 마주보도록 하고 박음질한다.

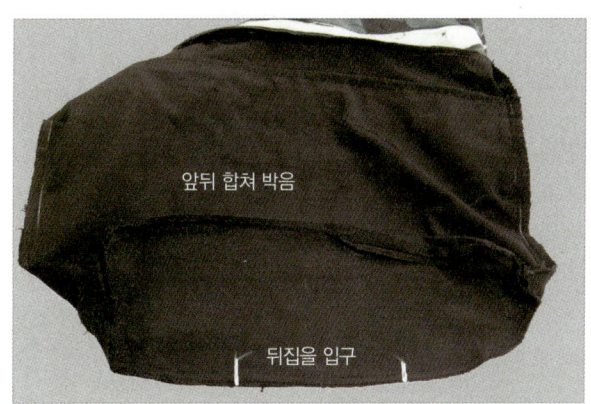

20 밑단 표시 부분을 남겨 뒤집을 입구로 사용한다.

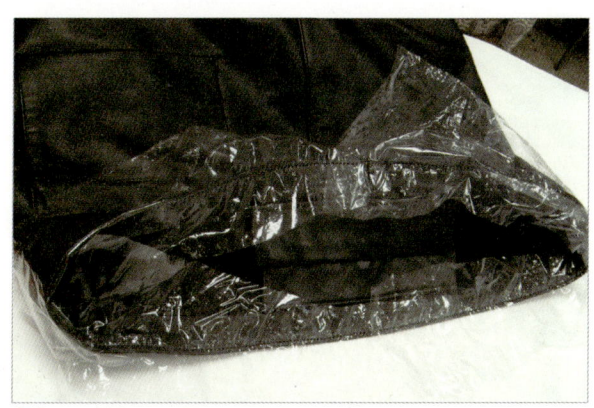

21 겉 입구 부분을 박음질할 때 톱니가 가죽을 상하게 하므로 아랫부분에 비닐을 깔고 박음질한 모습이며 비닐은 뜯어내면 된다.

22 앞주머니 부분으로 만든 앞면 모습이다. 끈은 부착하고자 하는 부분에 양면테이프를 붙여서 고정하고 박음질하면 좋다.

23 보조주머니를 달아 만든 뒷모습이다. 끈은 동대문시장에서 다양하게 구입할 수 있다.

24 같은 방법으로 재킷의 팔 부분으로 만든 또 다른 가방이다.

가죽 재킷의 칼라와 소매 리폼

1 변경 전 가죽 재킷이다.

2 소매와 칼라를 분리한다. 목과 팔을 정리하면 조끼가 된다.

3 소매를 니트 원단에 통소매 형식으로 재단을 한다. 두 장 소매를 니트는 한 장의 소매로 해도 된다.

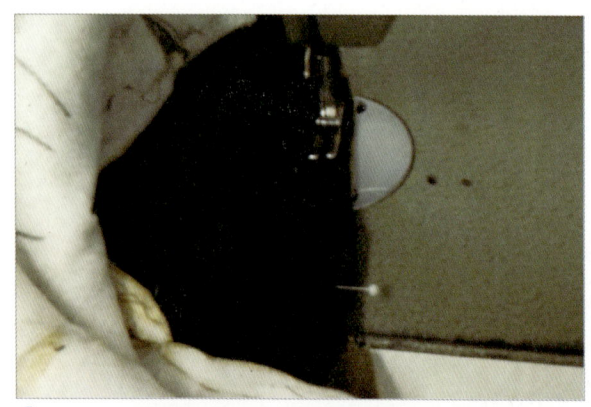

4 재단된 소매를 어깨에 핀으로 고정하여 박음질한다.

5 니트로 재단된 소매를 부착한 모습이다. 끝부분은 손바느질로 마무리하든지 접어서 박음질한다.

6 위쪽 칼라를 니트 원단에 모양대로 재단한다.

7 재단된 모습이다. 가죽이 니트를 감싸게된 모양이다.

8 안쪽에서 박음질할 때 양면테이프로 고정하고 원래 선을 박음질한다.

10 칼라와 소매가 변경된 재킷이다.

9 완성된 칼라를 몸판과 안감에 따로 박음질하되 안감을 먼저, 겉감을 나중에 박음질한다.

소매 부분의 니트 원단은 가능한 한 소매끝이 마무리되었거나 부드러운 것을 사용하는 것이 좋으며, 칼라에 힘을 줄 때는 심지를 붙여 주면 된다.

가죽 밍크 코트 리폼

모자 코트를 칼라 코트로 리폼

1 변경 전 모자 코트이다.

2 모자를 분리한 모습이다.

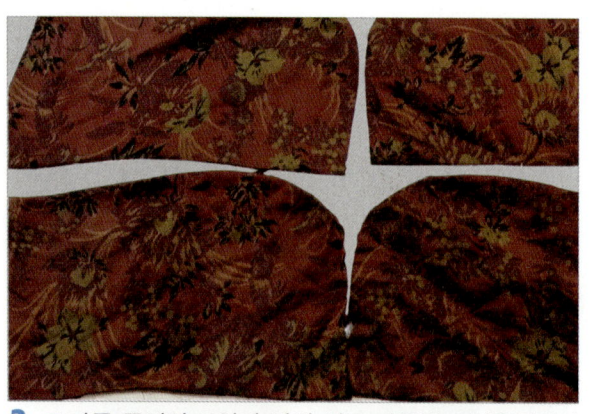

3 모자를 뜯어서 모양과 같이 서로 마주보고 박음질하여 칼라를 만들 면적을 만든다.

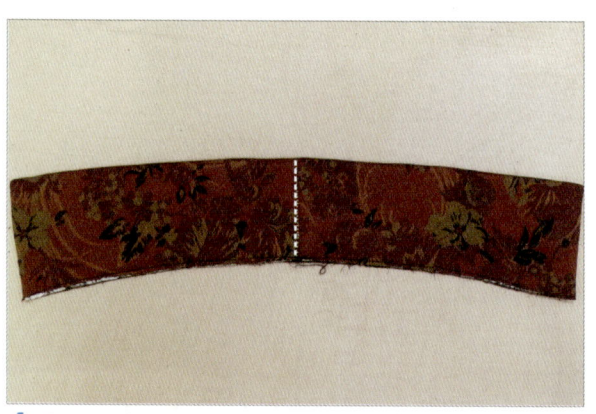

4 3으로 만든 모습이며, 중앙에 흰색 선이 연결 부위이다.

5 만들어진 칼라를 몸판에 핀으로 고정하고, 안감과 함께 박음질한다. 칼라를 겉감과 안감에 각각 박음질해도 된다.

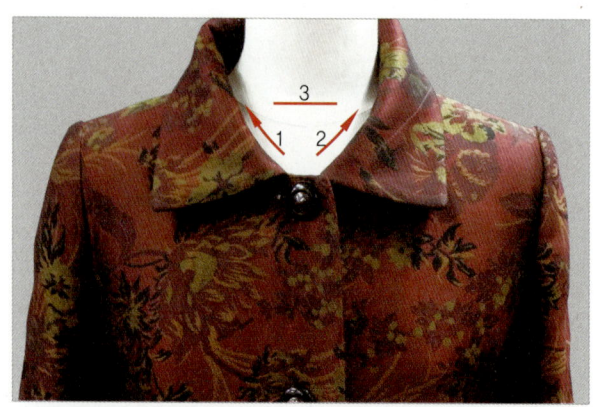

6 칼라와 몸판 박음질은 좌우를 먼저 박음질하고 뒷면을 끝으로 하는 것이 칼라가 편하게 되며, 모자라고 남는 것은 뒤에서 처리한다.

뜯어진 밍크 수선

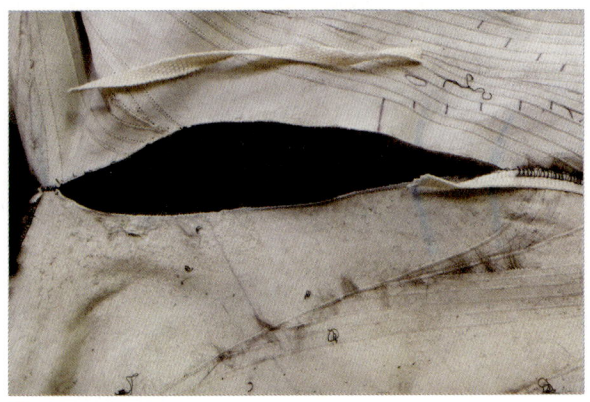

1 뜯어진 밍크이다.

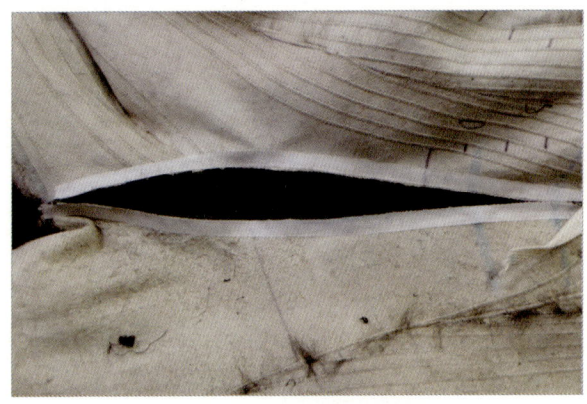

2 끝면에 반창고나 종이반창고를 붙인다.

3 손으로 감침질 시침을 한다.

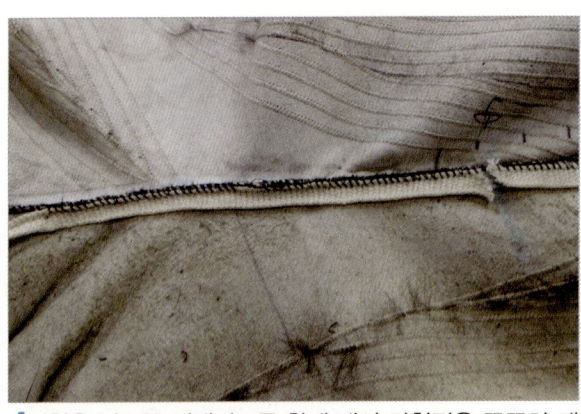

4 힘을 받도록 면테이프를 함께 해서 감침질을 꼼꼼히 해 준다. 면테이프는 사용하지 않아도 무방하다.

5 넓은 반창고를 4 작업 위에 붙이고 새발뜨기를 크고 넓게 해 준다.

뜯어진 부분은 원단이 약해져서 다시 찢어지는 경우가 많으므로 범위를 넓게 새발뜨기를 하면 튼튼하게 된다.

밍크코트를 모자 조끼로 리폼

1 변경 전 밍크코트이다.

2 양쪽 팔을 분리한다.

3 분리하고 겨드랑이를 줄여 주어야 할 때 양옆을 줄이면 가슴 부분이 작아져 옷이 당겨지는 경우가 많다.

4 그림과 같이 잘라 내면 가슴에 볼륨감도 생기고 품도 작아지지 않는다.

5 잘라 낸 부분을 박음질한다. 이때 양옆 가장자리 끝 부분에 면테이프를 붙이고 손으로 꼼꼼히 감침질해도 된다.

6 앞가슴 부분에 볼륨감이 나타남을 볼 수 있다.

7 면 바이어스테이프이다. 이렇게 만들어진 것도 있지만 조금은 두꺼운(광목 정도) 원단을 잘라서 쓰기도 한다.

8 바이어스 원단을 겨드랑이 부분에 얇게 박음질 또는 손으로 꼼꼼히 감침질하고 1cm 접어서 손으로 듬성듬성 시침을 한다.

9 바이어스 시침 후 팔 주위 안감을 평평하게 펴고 핀으로 안감을 고정한다.

10 핀으로 고정된 부분의 끝부분을 손바느질로 꼼꼼히 시침하면 소매 부분 완성이다.

｜모자 만들기｜

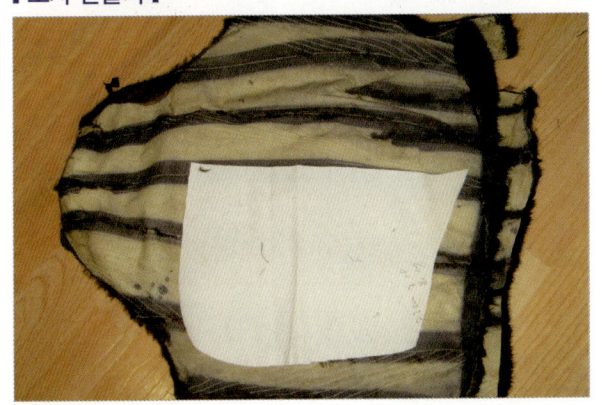

11 팔을 펴서 모자본을 올려놓은 모습이다.

12 모양대로 잘라 낼 때 앞쪽은 최대한 넉넉하게 자른다. 이때 칼로 잘라 내면 털이 손상되지 않는다.

13 앞부분 접어 넣어야 할 부분은 최대한 길게 하여 겉에서 볼 때 털이 안쪽에 넉넉히 있게 한다.

14 털을 접어 넣어야 하므로 안감은 겉감보다 작아야 한다.

15 겉감과 안감을 박음질하면 안감이 겉감보다 많이 작은 모습이다.

17 완성된 모습이다. 이것은 모자 끝에 끈을 달고 몸체는 단추를 달아 탈·부착할 수 있도록 만들었다.

16 빨간색 부분은 박음질하고 모자 위쪽 안감에서 창구멍을 내 뒤집는다.

접착성 면테이프가 없을 때는 종이반창고나 면반창고를 사용해도 된다.

반소매 원피스를 코트로 리폼

1 변경 전 반소매 원피스이다.

2 앞 중간을 자른다.

3 앞부분이 늘어나지 않도록 1cm 직선테이프를 붙인다.

4 사진과 같이 지퍼 겉쪽을 몸판에 부착한다.

5 붙여진 지퍼를 접어 다림질한다.

6 앞부분에 붙여질 원단을 재단한다. 종이를 펴고 옷을 올려서 원하는 모양으로 자른다.

7 6에 재단된 것을 지퍼 아래에 놓고 잘 펴서 손시침한다.

8 양쪽을 모두 손시침하고 시침선을 따라 안쪽에서 박음질할 때 지퍼와 같이 하든지 색상이 다양한 것은 앞 원단 중심에서 눌러 박음질해도 된다.

9 마네킹에 입혀 목 넓이와 높이를 선택하고 남는 목둘레는 뒤에서 잘라 낸다.

10 선택된 모습대로 잘라 낸다.

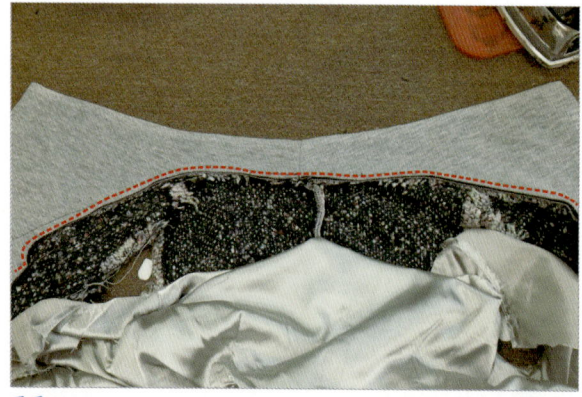

11 뒷면 목 사이즈를 잘 맞추어 손시침하고 박음질한다.

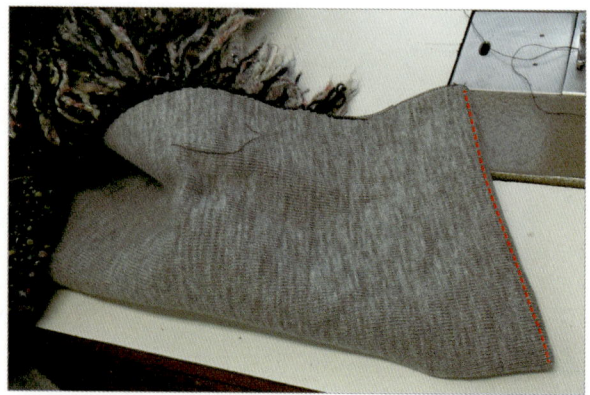

12 아래 밑단 부분을 시접 1cm 정도 넣고 안쪽에서 박음질하여 뒤집어 준다.

13 지퍼 옆 0.7 cm 위에서 들뜨지 않도록 눌러 박음질한다.

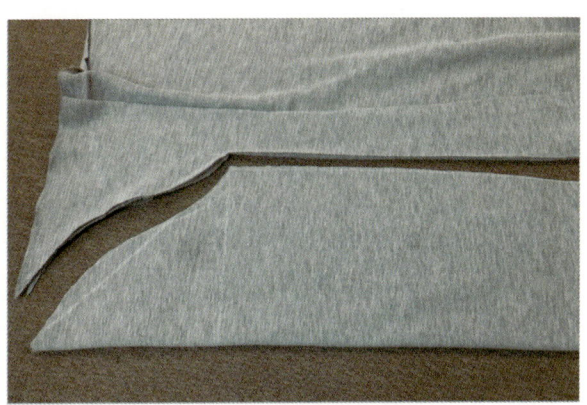

14 팔을 재단한다. 입지 않는 옷의 팔이나 몸판을 준비해 두면 좋다.

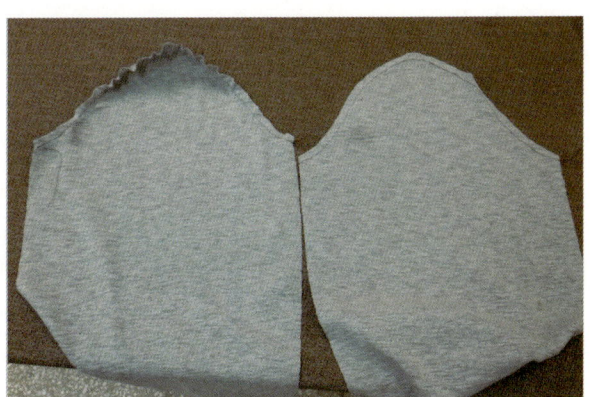

15 왼쪽 팔과 같이 끝부분을 1 cm 정도 박음질하여 실을 살살 잡아당겨 볼륨을 만든다.

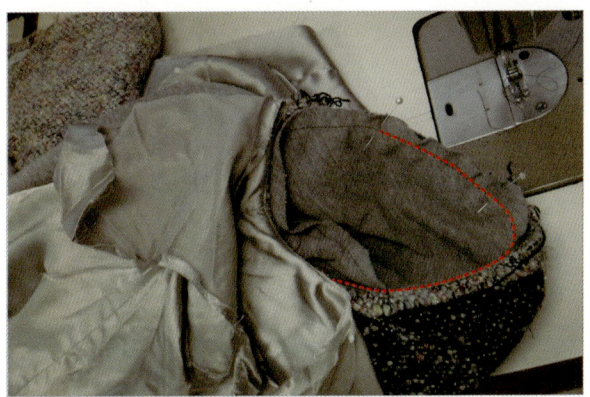

16 팔을 몸판에 시침하고 돌려가며 박음질하고 오버로크하면 완성이다.

17 완성된 코트이다.

같은 옷이 아니더라도 셔츠, 원피스, 티 종류 등 다양하게 접목할 수 있다. 원하는 모습을 정하여 니트 부분을 이용하는 것이 좋다. 10은 한 장으로 하는 것이 아니고 좌우를 따로 하여 뒷면에서 좌우를 서로 부착하는 것이 바람직하다.

가죽 밍크 코트 리폼

유행 지난 니트 코트 리폼

1 변경 전 유행이 지난 코트이다.

2 칼라를 분리하고 원하는 사이즈로 앞뒤판을 잘라 낸다. 몸에 맞는 민소매 티를 사용하여 재단해도 되고, 종이와 송곳으로 본드기를 해도 된다.

3 안감과 함께 잘라 낸 모습이다. 안감은 겉감을 자른 후 맞춰 자르면 더 좋다.

4 겨드랑이가 늘어나지 않도록 0.5 cm 심지를 당겨서 박음질한다.

5 겨드랑이가 늘어나지 않게 박음질하고, 팔통도 여분을 주어 계란 모양으로 만들어 준다.

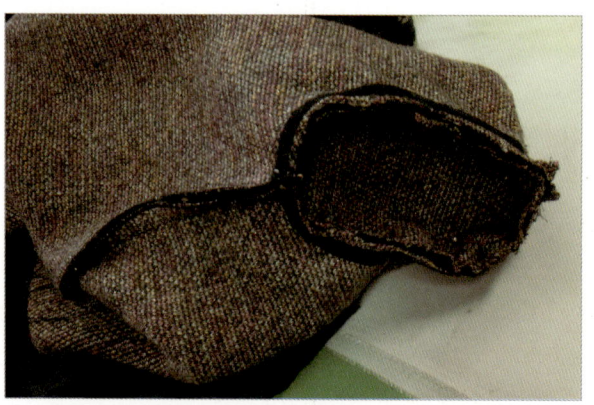

6 만들어진 팔을 핀으로 고정하여 박음질하면 된다.

| 칼라 만들기 |

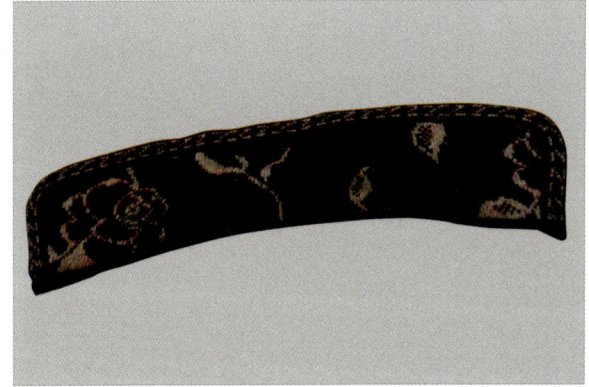

7 목 라인 부분이 늘어나지 않게 0.5 cm 심지를 안쪽에 붙여 박음질한 모습이다.

8 뜯어 낸 칼라 모습이다.

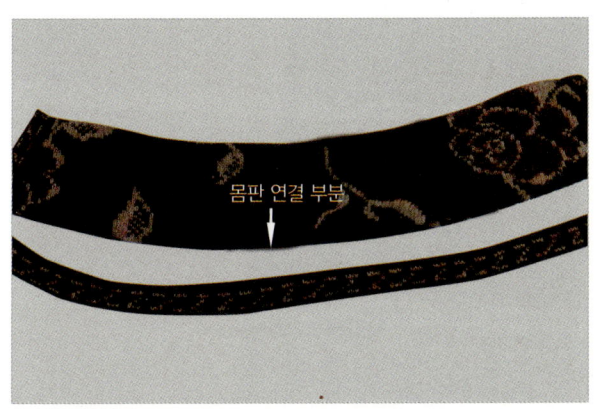
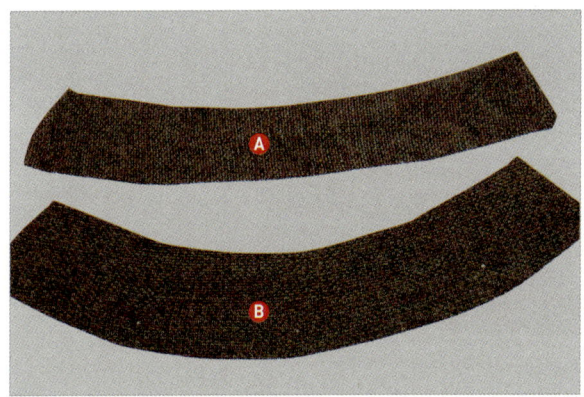

9 위와 같은 모양으로 잘라 낸다. 화살표 방향이 옷과 박음질할 부분이다.

10 앞뒤판 모습이다. 위의 것이 원 상태이고, 아래는 늘여서 원형을 만든 상태이다.

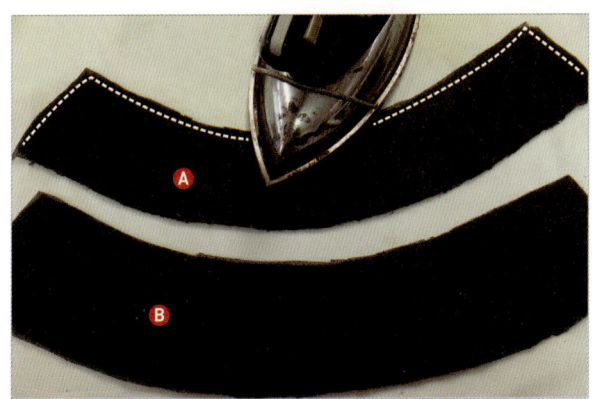
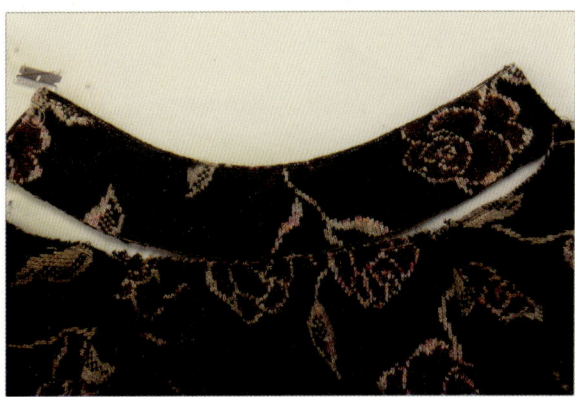

11 그대로 고정하기 위하여 심지를 붙이고 Ⓐ와 Ⓑ를 합하여 점선을 따라 박음질한다.

12 만들어진 칼라를 몸판에 부착한다.

13 늘어나지 않도록 핀으로 고정하고, 칼라와 몸판을 박음질한다.

14 칼라는 겉과 안쪽 모두 가름솔로 다림질한다.

▌지퍼와 몸판 부착하기 ▌

15 칼라를 박음질한 완성된 모습이다.

16 지퍼는 핀으로 시침하거나 손바느질로 시침하여 좌우가 일치되도록 한다.

17 칼라 끝에서 접어 준 지퍼를 칼라 안단으로 감싸서 박음질한다.

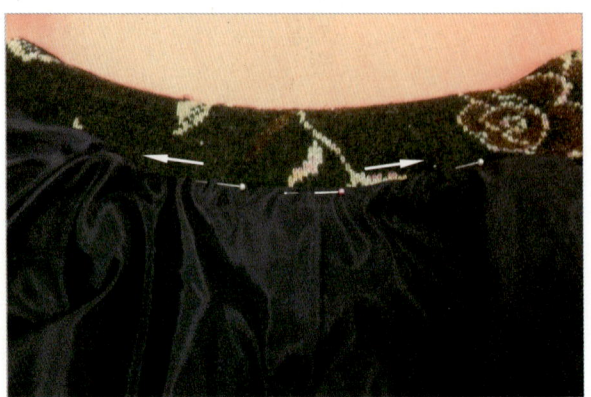

18 안감 부착은 중심에서 시작하여 양옆으로 하는 것이 좋다.

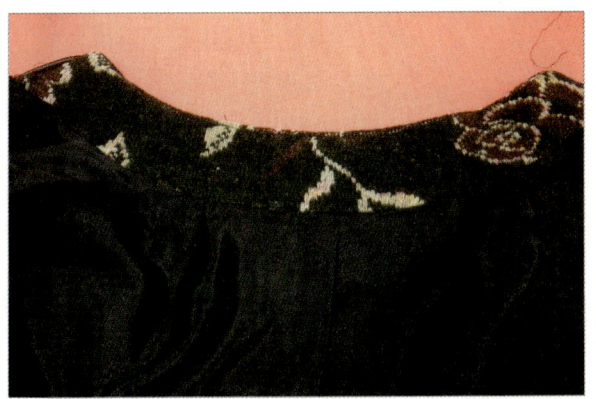

19 목 안감이 완성된 모습이다.

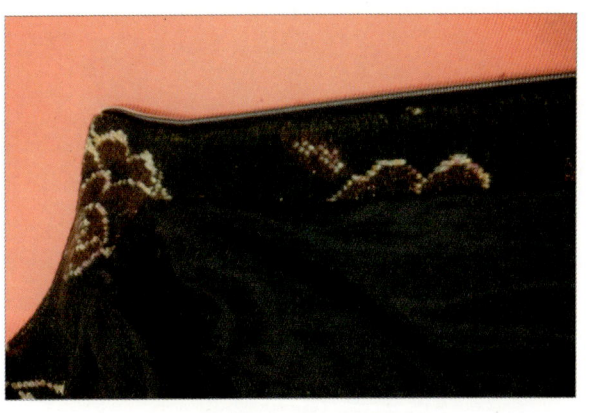

20 안쪽에서 박음질하여 옆 안감이 완성된 모습이다.

21 안쪽에서 칼라 부분이 들뜨지 않도록 손으로 감침질 또는 박음질을 해 준다.

22 칼라가 완성된 모습이다.

23 전체 완성된 모습이다.

테일러 칼라를 차이나 칼라로 리폼

1 변경 전 테일러 칼라 코트이다.

2 위에 붙은 칼라는 뜯어 내고 앞 칼라는 일자로 만들기 위해 초크로 표시한다.

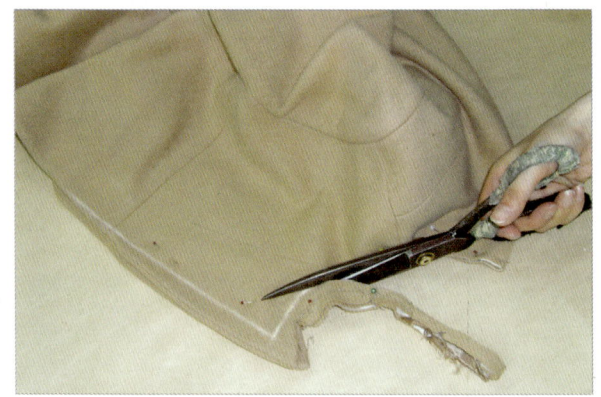

3 초크로 표시한 부분을 똑같이 맞추어 핀으로 고정한 후 한꺼번에 자른다.

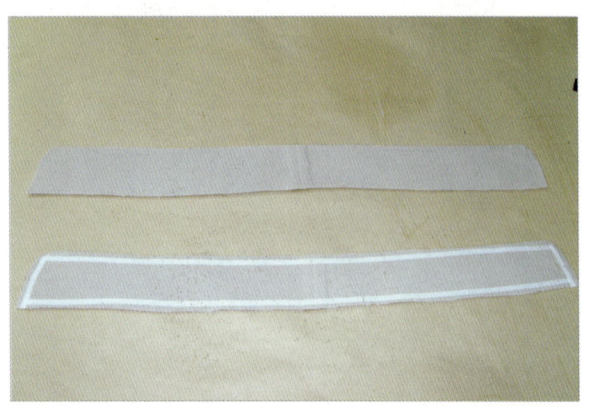

4 칼라는 몸판 목길이를 재서 약간 타원형으로 만든다.

5 안쪽으로 앞뒤판 모두 늘어나지 않도록 0.5 cm 띄어 심지를 붙인다. 0.5 cm 직선테이프를 붙여 준 후 0.5 cm 시접을 두고 박는다.

6 박음질한 후 겉면 쪽의 시접을 꾹꾹 누르며 다림질한다.

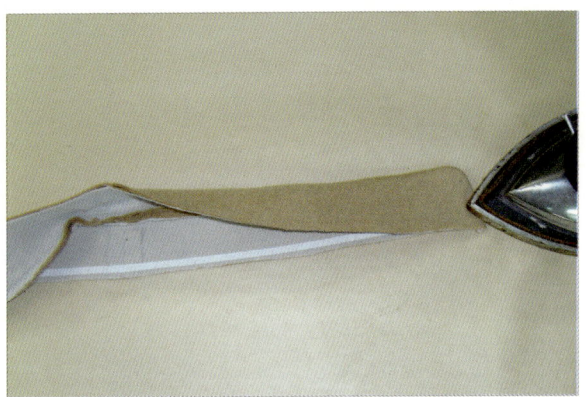

7 6과 같이 다림질한 후 뒤집어서 다시 다림질을 한다.

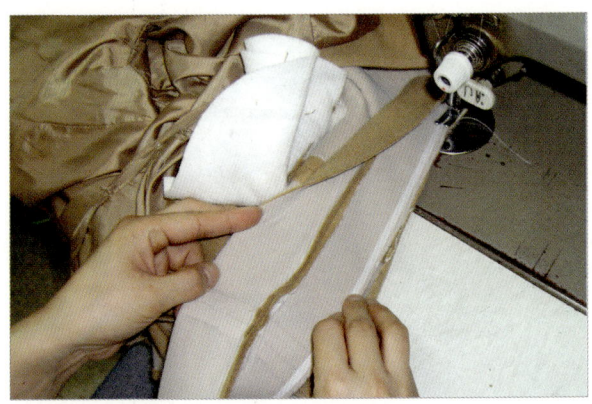

8 완성된 칼라를 겉감 몸판에 붙인다. 이때 몸판도 0.5 cm 직선테이프를 붙여 준다.

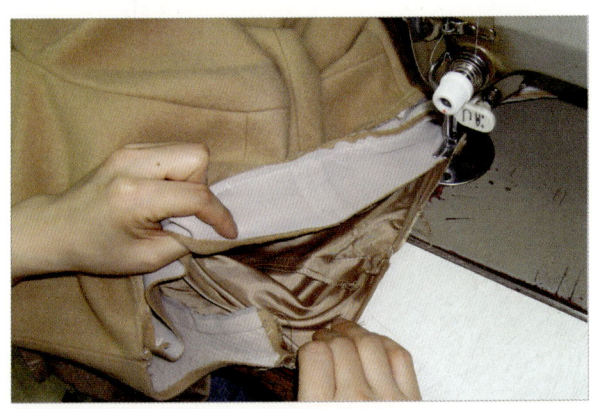

9 칼라 안쪽은 안감에, 바깥쪽은 겉감에 각각 따로 붙인다. 각각 박은 후 시접을 펴서 다림질 후 뒤집으면 된다.

10 완성된 차이나 칼라 코트이다.

가죽 밍크 코트 리폼

옷 수선 리폼

2016년 6월 15일 1판1쇄
2018년 6월 15일 1판2쇄

저자 : 김남선
펴낸이 : 남상호

펴낸곳 : 도서출판 예신
www.yesin.co.kr

(우)04317 서울시 용산구 효창원로 64길 6
대표전화 : 704-4233, 팩스 : 335-1986
등록번호 : 제3-01365호(2002.4.18)

값 28,000원

ISBN : 978-89-5649-125-7

* 이 책에 실린 글이나 사진은 문서에 의한 출판사의
  동의 없이 무단 전재·복제를 금합니다.